I0027635

I N V E S T I G A Ç Ã O

I
IMPRENSA DA UNIVERSIDADE DE COIMBRA
COIMBRA UNIVERSITY PRESS
U

EDIÇÃO

Imprensa da Universidade de Coimbra
Email: imprensa@uc.pt
URL: http//www.uc.pt/imprensa_uc
Vendas online: http://livrariadaimprensa.uc.pt

COORDENAÇÃO EDITORIAL

Imprensa da Universidade de Coimbra

CONCEÇÃO GRÁFICA

António Barros

IMAGEM DA CAPA

By Princeofpersia1 (Own work) [CC-BY-SA-3.0
(http://creativecommons.org/licenses/by-sa/3.0)], via Wikimedia Commons

INFOGRAFIA

Linda Redondo

PRINT BY

CreateSpace

ISBN

978-989-26-1267-6

ISBN DIGITAL

978-989-26-1268-3

DOI

https://doi.org/10.14195/978-989-26-1268-3

DEPÓSITO LEGAL

421345/17

AVALIAÇÃO FAMILIAR

VULNERABILIDADE,
STRESS E ADAPTAÇÃO
VOL. II

ANA PAULA RELVAS
SOFIA MAJOR
COORDENAÇÃO

IMPRENSA DA
UNIVERSIDADE
DE COIMBRA
COIMBRA
UNIVERSITY
PRESS

AGRADECIMENTOS

No seguimento do Volume I, esta é uma obra coletiva que reúne o contributo de diversos docentes e investigadores que, de uma forma ou de outra, estão ou estiveram ligados à Faculdade de Psicologia e de Ciências da Educação da Universidade de Coimbra. Mais uma vez, queremos agradecer aos co-autores, nomeadamente: a todos os estudantes finalistas do Mestrado Integrado em Psicologia, área de Sistémica, Saúde e Família que trabalharam este(s) tema(s) como objeto de investigação nas suas teses; aos colegas terapeutas familiares com quem partilhamos experiências e aprendizagens; a todas as famílias com que ao longo dos anos nos fomos cruzando em contexto terapêutico ou de investigação. Fica ainda o nosso agradecimento a colegas de metodologia e análise de dados, anónimos que criticaram os nossos trabalhos em congressos, revisores científicos (de outras publicações).

Neste agradecimento resta uma palavra especial para a Imprensa da Universidade de Coimbra pela renovada confiança depositada no nosso trabalho.

SUMÁRIO

INTRODUÇÃO

Ana Paula Relvas

A presente coletânea de textos completa a obra sobre Avaliação Familiar cujo Volume I foi publicado pela Imprensa da Universidade de Coimbra em 2014. Na Introdução a esse volume, comecei por apresentar alguns desafios que a avaliação da família coloca, tanto ao investigador como ao clínico, designadamente considerando a complexidade do objeto de estudo, desde logo a partir da sua característica multi-individual, ou, se preferirmos, grupal. Tais desafios percorrem vários níveis, desde o epistemológico até ao metodológico, e embora não sendo diretamente abordados nesta obra, efetivamente também nunca foram esquecidos ao longo da sua construção. De seguida, e nesse enquadramento, apresentei a minha narrativa sobre o percurso que conduziu ao aparecimento do grupo de investigação, o GAIF[1] (Grupo de Avaliação e Investigação sobre a Família), no seio do qual surgiu a ideia e tomou forma esta dupla publicação sobre *Instrumentos de Avaliação Familiar*, complementada com uma página *web* de disponibilização de materiais (http://www.fpce. uc.pt/avaliaçaofamiliar). A fim de não nos repetirmos excessivamente, para uma melhor compreensão desses aspetos remetemos o leitor interessado para a Introdução do Volume I, somente sublinhando aqui que esta obra resulta do trabalho de investigação iniciado em 2006 e

---

[1] Do GAIF, neste momento, fazem parte Ana Paula Relvas, Luciana Sotero, Madalena Carvalho (docentes); Sofia Major, Alda Portugal, Ana Margarida Vilaça, Diana Cunha, Neide Areia, Joana Carvalho e Gabriela Fonseca (doutoradas e/ou doutorandas da FPCEUC).

sistematicamente desenvolvido até hoje pelo GAIF, trabalho que foi fundamentalmente suportado nos estudos conduzidos pelos doutorandos e mestrandos desta área temática na Faculdade de Psicologia e de Ciências da Educação da Universidade de Coimbra (respetivamente no âmbito do Programa Interuniversitário em Psicologia da Família e Intervenção Familiar – PIDFIF – e do Mestrado Integrado em Psicologia, Psicologia Clínica e da Saúde, subárea de especialização em Sistémica, Saúde e Família).

A obra

Conceptualização

Conceptualmente, este trabalho que consiste na apresentação de instrumentos de avaliação familiar adaptados para Portugal foi dividido em duas partes distintas, a que correspondem os dois volumes já referidos: o primeiro volume reporta-se aos processos relacionais e dinâmicas psicológicas transversais às famílias, quer no seu quotidiano quer quando se encontram em terapia – *Instrumentos de Avaliação Familiar, Vol. I – Funcionamento e Intervenção* (Relvas & Major, 2014); o segundo volume, que agora se apresenta, foca os processos específicos vivenciados pelas famílias que se encontram em situação de vulnerabilidade acrescida, tanto em termos da avaliação das suas dificuldades como dos seus movimentos adaptativos – *Instrumentos de Avaliação Familiar, Vol. II – Vulnerabilidade, Stress e Adaptação.*

Assim, o Volume I debruçou-se sobre instrumentos que, numa ótica sistémica, avaliam o funcionamento e a comunicação familiar, a auto-perceção do indivíduo sobre o seu posicionamento no sistema e, finalmente, instrumentos que pretendem medir o que faz "funcionar" famílias e terapeutas em terapia; o Volume II apresenta instrumentos que permitem avaliar a resiliência e processos adaptativos familiares, face a condições de *stress* emergentes quer em situações de crise normativas quer inesperadas. Algumas medidas das respostas particulares do sistema familiar em situações específicas de doença, tanto pediátrica como do adulto, completam os conteúdos deste livro.

Estrutura

A obra está organizada em secções e capítulos. Todos os capítulos seguem uma estrutura comum, definida de modo a dar resposta, na ótica do utilizador, a três aspetos básicos: enquadramento teórico e conceptual; relevância e aplicabilidade do instrumento; e facilidade de consulta do texto. Os dois primeiros aspetos pretendem assegurar a reflexão conceptual sobre a utilização do instrumento, no sentido em que este deverá, sempre, ser considerado um meio complementar para atingir um conhecimento (Simões, Machado, Gonçalves, & Almeida, 2007), decorrente e enquadrado num processo de conceptualização mais abrangente, através do qual se definiram objetivos de pesquisa, teórica e empiricamente fundamentados.

Neste sentido, cada capítulo aborda as seguintes rubricas:

1. Instrumento
O que é, o que avalia e a quem se aplica?
(Ficha técnica de apresentação do instrumento)

Fundamentação e história
(Enquadramento teórico sobre o constructo objeto de avaliação, articulado com o desenvolvimento original – construção e aplicação – do instrumento)

2. Estudos em Portugal
Como foi desenvolvido/adaptado e validado?
(Estudos de adaptação, validade e precisão realizados em Portugal)

11

3. Aplicação

Como aplicar, cotar e interpretar?

(Informação sobre os materiais; explicação e descrição das condições, normas e critérios a seguir no processo de avaliação)

4. Vantagens, limitações e estudos futuros

(Análise crítica do instrumento, estudos e resultados obtidos)

5. Bibliografia

(Conjunto de referências fundamentais)

Por fim, queremos referir que optámos por não descrever, em todos os capítulos, os procedimentos éticos, óbvia e necessariamente utilizados nas investigações conducentes à adaptação dos instrumentos de avaliação (consonantes com as recomendações da *American Psychological Association*, nomeadamente no que se refere ao consentimento informado para todos os participantes, adultos e menores), de forma a evitar a redundância da informação ao longo do livro.

Volume II – Vulnerabilidade, *Stress* e Adaptação [familiar]

Organização e conteúdos

Este volume está dividido em duas secções que agregam oito capítulos. Os autores são os membros do GAIF e outros colaboradores da FPCEUC que participaram nos estudos, tanto em termos de recolha como de análise de dados e/ou redação dos textos. Todos os instrumentos apresentados são adaptações portuguesas. Genericamente, são provas vocacionadas para aplicação em investigação; as condições específicas em que alguns podem ser, também, utilizados na prática clínica ou na formação de terapeutas são explicitamente referidas nos textos, restringindo-se essa utilização, evidentemente, a profissionais capacitados para o efeito.

A primeira secção, *Stress, Adaptação e Resiliência Familiar*, é composta por quatro capítulos: o primeiro, da autoria de Diana Cunha e Ana Paula Relvas, apresenta um instrumento de medida do *coping*/estratégias de adaptação familiar - o Inventário de Avaliação Pessoal Orientado para a Crise em Família (F-COPES; Olson & Barnes, 1982). Concretamente, o F-COPES avalia as atitudes e comportamentos desenvolvidos pela família para resolver ou responder às dificuldades e problemas, considerando os recursos familiares, sociais e comunitários, através de sete dimensões emergentes nos estudos feitos para a adaptação portuguesa (Reenquadramento, Procura de Apoio Espiritual, Aquisição de Apoio Social – Relações de Vizinhança, Aquisição de Apoio Social – Relações Íntimas, Mobilização de Apoio Formal, Aceitação Passiva e Avaliação Passiva); o segundo capítulo, de Marco Pereira, Margarida Cardoso, Sara Albuquerque, Catarina Janeiro e Stephanie Alves enquadra teoricamente e apresenta os estudos de adaptação e validação da versão em Português Europeu da Escala de Resiliência para Adultos (ERA) [*Resilience Scale for Adults* (RSA)], originalmente publicada por Hjemdal, Friborg, Martinussen e Rosenvinge. Esta escala, apesar de se centrar no individuo, não exclui uma visão sistémica ao contemplar nas diversas características de resiliência que organizam as suas dimensões (Perceção do *Self*, Planeamento do Futuro, Competências Sociais, Coesão Familiar, Recursos Sociais e Estilo Estruturado), para além de fatores individuais, alguns contextos relevantes para os sujeitos; o terceiro capítulo, cujas autoras são Ana Isabel Cunha, Sofia Major e Ana Paula Relvas, centra-se num dos vetores teoricamente mais importantes no constructo resiliência familiar, a resistência familiar, ao apresentar a adaptação de um instrumento que avalia as forças internas da unidade familiar face a situações de *stress* ou adversidade – o *Family Hardiness Index* (FHI), publicado originalmente, em 1986, por Marilyn McCubbin, Hamilton McCubbin e Anne Thompson – distribuídas por três subescalas, Compromisso, Desafio e Controlo; o quarto capítulo, de Diana Cunha e Ana Paula Relvas, baseia-se no conceito de Qualidade de Vida Familiar e respetivo Inventário de Olson e Barnes (1982), a partir do qual as autoras desenvolveram uma versão reduzida (QOL-VR, com 20 itens). Através da avaliação subjetiva do grau de satisfação com algumas áreas

13

de vida familiar, os itens que compõem este instrumento repartem-se pelas seguintes dimensões: Bem-Estar Financeiro; Média e Comunidade; Tempo; e Família, Amigos e Saúde.

A segunda secção, *Família e Doença*, inclui outros quatro capítulos: os capítulos quinto e sexto, da autoria de Neide Areia, Sofia Major e Ana Paula Relvas, debruçam-se sobre as necessidades e dificuldades dos familiares de doentes graves crónicos, designadamente oncológicos, através da apresentação do enquadramento concetual e estudos empíricos de adaptação de duas escalas – a) Inventário das Necessidades Familiares (considerando a Importância e Satisfação atribuídas a cada um dos 20 itens que compõem este inventário) [*Family Inventory of Needs* (FIN)], publicada em 2006, por Fridriksdottir, Sigurdardottir e Gunnarsdottir, em Reykjavik, na Islândia; e b) Inventário do Luto para os Cuidadores de *Marwit-Meuser* – Forma Reduzida [*Marwit-Meuser Caregiver Grief Inventory – Short Form* (MMCGI-SF)], publicada em 2005, por Samuel Marwit e Thomas Meuser, em Washington, que avalia a experiência de luto antecipatório em familiares cuidadores destes doentes segundo três dimensões: Sobrecarga e Sacrifício Pessoal, Sentimento de Tristeza e Saudade e Preocupação e Sentimento de Isolamento; o sétimo capítulo, de Ana Cunha, Sofia Major e Ana Paula Relvas, aborda os processos adaptativos familiares postos em marcha pelos pais quando confrontados com uma doença grave e/ou crónica de um filho e apresenta os estudos de adaptação do *Coping Health Inventory for Parents* (CHIP), escala publicada originalmente em 1983, por Hamilton McCubbin e colaboradores. Esta escala inclui os seguintes padrões de resposta: Integração Familiar, Cooperação e Definição Otimista da Situação, Manutenção do Suporte Social (Padrão I); Auto-Estima e Estabilidade Psicológica (Padrão II); e Compreensão da Situação Médica através da Comunicação com outros Pais e Consulta com os Membros da Equipa de Saúde (Padrão III); finalmente, no oitavo capítulo Sandra Branco, Alda Portugal, Luciana Sotero e Ana Paula Relvas apresentam a versão portuguesa de um instrumento de avaliação do efeito da dor crónica de um elemento da família na vivência grupal familiar - Escala do Impacto da Dor na Família [*The Family Impact of Pain Scale* (FIPS; Newton-John, 2005)].

Concretamente, a FIPS pretende avaliar em que medida as atividades e interações familiares (e.g., "levar a cabo tarefas domésticas", "ter uma vida social com a família") são afetadas na presença de dor crónica num dos seus elementos, através das dimensões Atividade Física e Interação Pessoal.

Finalmente, uma breve nota sobre a falta de uniformização dos títulos dos diferentes capítulos – todos se reportam à designação dos instrumentos em estudo, mas dois deles (capítulos 3 e 7) apresentam o título original em inglês, considerando que a sua tradução para português desvirtuaria, do nosso ponto de vista, o sentido da própria medida por falta de uma vocábulo exatamente correspondente em termos semânticos ao original.

Tal como aconteceu com o Volume I, este livro procura seguir, por um lado, uma lógica conceptual associada aos movimentos relacionais da família, considerando o todo (foco grupal) e a parte (foco individual); por outro lado, a estrutura (constante) por capítulo foi ponderada no sentido de permitir uma visão completa e fundamentada de cada instrumento, de modo a que possam ser utilizados rigorosamente por investigadores da família provenientes de diversas áreas disciplinares que assim os poderão cruzar com os seus instrumentos específicos. Acreditamos que este volume, com o foco concreto nas vulnerabilidades familiares, designadamente em contexto de doença, vem responder a uma necessidade e colmatar uma lacuna importante no estudo da família, tanto a nível clínico como da investigação, quer na Psicologia quer noutras áreas disciplinares envolvidas nesta temática.

Para concluir reiteramos que enquanto autores desta obra nos "fica a expetativa de que, através da disponibilização deste conjunto de ferramentas a utilizar na avaliação familiar, novos estudos sejam desenvolvidos no sentido de ultrapassar algumas das limitações apresentadas ao longo dos oito capítulos [mais sete/Volume I] (e.g., dimensões reduzidas das amostras, necessidade de mais estudos de evidência de validade)" contribuindo assim para um conhecimento mais rigoroso e um trabalho mais eficaz com as famílias.

Referências

Relvas, A. P., & Major, S. (Coord.) (2014). *Avaliação familiar: Funcionamento e intervenção* (Vol. I). Coimbra: Imprensa da Universidade de Coimbra. doi: http://dx.doi.org/10.14195/978-989-26-0839-6.

Simões, M. R., Machado, C., Gonçalves, M., & Almeida, L. S. (Coord.) (2007). *Avaliação psicológica: Instrumentos validados para a população portuguesa*. (1ª ed.), Vol. 1. Coimbra: Quarteto.

STRESS, ADAPTAÇÃO E RESILIÊNCIA FAMILIAR

INVENTÁRIO DE AVALIAÇÃO PESSOAL ORIENTADO PARA A CRISE EM FAMÍLIA (F-COPES)

Diana Cunha
Ana Paula Relvas

"By coping we refer to the things that people do to avoid being harmed by life strains."

(Pearlin & Schooler, 1978, p. 2)

Resumo

O Inventário de Avaliação Pessoal Orientado para a Crise em Família (F-COPES; Olson & Barnes, 1982) avalia as atitudes e comportamentos desenvolvidos pela família para resolver ou responder às dificuldades e problemas, considerando os recursos familiares, sociais e comunitários, através de um conjunto de 29 itens. O presente estudo pretende avaliar qual das versões portuguesas do F-COPES, anteriormente desenvolvidas, é a mais ajustada à população geral. Para tal, realizaram-se estudos de validade interna, através de uma análise fatorial confirmatória de três modelos passíveis de representarem a versão portuguesa do instrumento ($N = 595$). De seguida, realizaram-se estudos de fiabilidade do modelo mais ajustado. O modelo que se revelou mais ajustado apresenta uma estrutura de sete fatores (Reenquadramento, Procura de Apoio Espiritual, Aquisição de Apoio Social – Relações de Vizinhança, Aquisição de Apoio Social – Relações Íntimas,

DOI: https://doi.org/10.14195/978-989-26-1268-3_1

Mobilização de Apoio Formal, Aceitação Passiva e Avaliação Passiva): *CFI* = .923, *GFI* = .901, *RMSEA*: .056 (Lo = .051, Hi = .060). No entanto, apenas as cinco primeiras dimensões podem ser utilizadas como subescalas (alfa de Cronbach entre .75 e .88), devido à fraca consistência interna apresentada pelas outras duas. O estudo apresenta algumas limitações (e.g., amostra não probabilística de conveniência, não estratificada), sugerindo-se a continuidade dos estudos do F-COPES (e.g., melhorar as propriedades psicométricas dos fatores Avaliação Passiva e Aceitação Passiva).

Palavras-Chave: F-COPES, *coping* familiar, validade, fiabilidade.

Abstract

The Family Crisis Orientated Personal Evaluation Scales (F-COPES; Barnes & Olson, 1982) assesses the attitudes and behaviors developed by the family to resolve or respond to the difficulties and problems, considering the family, social and community resources. This study aims to determine which Portuguese F-COPES version, previously developed, is the most adjusted to general population. To this end, we developed internal validity studies, through a confirmatory factor analysis of three possible Portuguese models of the instrument (N = 595). Then, we analyzed the reliability of the most adjusted model. This model presents a structure of seven factors (Reframing, Seeking Spiritual Support, Acquisition of Social Support - Neighborhood Relations, Acquisition of Social Support - Intimate Relations, Formal Support Mobilization, Passive Appraisal and Passive Acceptance): *CFI* = .923, *GFI* = .901, *RMSEA:* .056 (Lo = .051, Hi = .060). However, only the first five dimensions can be used as subscales (Cronbach's alpha between .75 and .88), due to the poor internal consistency displayed by the other two. The study has some limitations (e.g., non-probabilistic sample of convenience, not stratified), suggesting the continuity of F-COPES studies (e.g., improve the psychometric properties of the factors Passive Appraisal and Passive Acceptance).

Keywords: F-COPES, family coping, validity, reliability.

1. Instrumento
O que é, o que avalia e a quem se aplica?

No Quadro 1 encontra-se a ficha técnica relativa ao Inventário de Avaliação Pessoal Orientado para a Crise em Família (F-COPES), versão validada para a população portuguesa (apresentada neste capítulo).

Quadro 1.
Ficha técnica do F-COPES

O que é?	O Inventário de Avaliação Pessoal Orientado para a Crise em Família (F-COPES) é a versão portuguesa e validada do instrumento *Family Crisis Orientated Personal Evaluation Scales* (F-COPES), desenvolvido em 1981 por McCubbin, Larsen e Olson, em St. Paul, Minnesota

O F-COPES consiste num questionário de auto-resposta, composto por 29 itens que avaliam as atitudes e comportamentos desenvolvidos pela família para resolver ou responder às dificuldades e problemas, considerando os recursos familiares, sociais e comunitários. Os 29 itens encontram-se repartidos por sete dimensões: Reenquadramento, Procura de Apoio Espiritual, Aquisição de Apoio Social – Relações de Vizinhança, Aquisição de Apoio Social – Relações Íntimas, Mobilização de Apoio Formal, Aceitação Passiva e Avaliação Passiva. No entanto, apenas as cinco primeiras (23 itens) podem ser utilizadas como subescalas, devido à fraca consistência interna apresentada pelas outras duas (6 itens)

Estrutura do F-COPES

	Dimensão	Número Itens	Descrição
O que avalia?	Reenquadramento (RE)	7	Avalia a capacidade da família para redefinir os acontecimentos indutores de *stress*, de forma a torná-los mais controláveis
	Procura de Apoio Espiritual (AE)	4	Avalia a capacidade do sistema familiar para se envolver na procura de auxílio espiritual
	Aquisição de Apoio Social – Relações de Vizinhança (RV)	3	Avalia a competência da família para ativar recursos provenientes dos vizinhos
	Aquisição de Apoio Social – Relações Íntimas (RI)	6	Avalia a competência da família para ativar recursos provenientes da rede social primária
	Mobilização de Apoio Formal (AF)	3	Avalia a competência da família para procurar recursos em entidades de apoio formal

A quem se aplica?	A versão portuguesa e validada do F-COPES pode ser aplicada a indivíduos da população geral a partir dos 12 anos
Como ter acesso?	O acesso ao F-COPES pode ser efetuado através da página http:/www.fpce.uc.pt/avaliação familiar que contém todos os instrumentos de avaliação apresentados neste livro. Os utilizadores deverão facultar os contactos pessoais e institucionais, bem como dados acerca do propósito da utilização do instrumento (e.g., investigação, prática clínica) e concordar com as condições de utilização e de partilha dos resultados com os autores da versão portuguesa

Fundamentação e história

O *coping* começou por ser perspetivado, numa lógica psicanalítica, como um mecanismo de defesa que os indivíduos utilizavam para lidar com conflitos/ameaças internas ou externas (Freud, 1933). Nesta aceção, o *coping* teria um caráter estático, seria um traço estável de ação, o que dificultaria a compreensão do fenómeno atendendo às complexas interações entre os indivíduos e as situações *stressantes* (Pais Ribeiro & Rodrigues, 2004). No entanto, a partir de 1970, muitos autores passam a colocar a tónica no caráter dinâmico do *coping*. Esta mudança deve-se, em grande parte, a autores como Lazarus e Folkman (1984) que passam a definir *coping* como os esforços comportamentais e cognitivos, em mudança constante, que visam gerir exigências internas ou externas específicas, demasiado desafiantes para os recursos pessoais. O *coping* pode constituir um processo de conquista de equilíbrio e de desenvolvimento individual e familiar quando ocorre a gestão simultânea de várias componentes da dinâmica familiar, tais como: a comunicação e a organização familiares, a autonomia e a autoestima dos seus elementos, a manutenção das relações familiares e com a comunidade, a manutenção de esforços que controlem o impacto do acontecimento, e a quantidade de mudanças suscitadas no sistema (Olson et al., 1983). Deste modo, as estratégias de *coping* não surgem instantaneamente e sofrem modificações constantes ao longo do tempo (Olson et al.,

22

1982), tentando dar respostas às exigências distintas de cada etapa do ciclo vital e à constante mutação familiar.

As estratégias de *coping* podem ser aprendidas através de processos de modelação, condicionamento ou podem fazer parte da própria personalidade individual e/ou familiar (Lopes & Lourenço, 2008; Vaz Serra, 2007). Estas estratégias podem centrar-se no problema, nas emoções ou na obtenção de apoio social (Vaz Serra, 2007) e podem ser usadas em simultâneo (Monat & Lazarus, 1985), dependendo da situação envolvente (Smith, 1993). Assim, o *coping* focado no problema pretende modificar a situação causadora de *stress* (Lazarus & Folkman, 1984; Lazarus & Lazarus, 2006; Monat & Lazarus, 1985; Smith, 1993), ao passo que, quando centrado nas emoções, tem por objetivo a atenuação das emoções desagradáveis e desconforto sentidos (Lazarus & Folkman, 1984; Lazarus & Lazarus, 2006; Monat & Lazarus, 1985; Smith, 1993; Vaz Serra, 2007). No que respeita às estratégias que se focam na interação social, a procura de apoio e de uma resposta empática assumem-se como pontos nodais (Vaz Serra, 2007).

O *coping* pode, ainda, distinguir-se entre ativo e passivo. O primeiro envolve "esforços para remover ou circunscrever o *stressor*" (Pais Ribeiro & Rodrigues, 2004, p. 10) ou "tentativas ativas de gestão da situação *stressante*" (Taft, Resick, Panuzio, & Mechanic, 2007, p. 409); o segundo está associado a "tentativas de evitamento do problema ou redução da tensão através de pensamentos ou comportamentos de fuga" (Taft et al., 2007, p. 409).

Para avaliar as estratégias de *coping* e a forma como são utilizadas pelo sistema familiar para responder às adversidades (Grotevant & Carlson, 1989), McCubbin, Larsen e Olson desenvolveram, em 1981, as *Family Crises Oriented Personal Evaluation Scales* (F-COPES). A construção do F-COPES surge no âmbito do desenvolvimento de um conjunto de instrumentos de avaliação familiar, entre eles o *Quality of Life* (QOL) (Olson & Barnes, 1982) (cf. Capítulo 4). Qualquer um desses instrumentos, incluindo o F-COPES, possui como enquadramento teórico de base o Modelo Duplo ABCX de McCubbin e Patterson (1983), que é uma extensão do Modelo ABCX de Hill (1949). Estes representam modelos orientados para

23

a compreensão do *stress* familiar que analisam os acontecimentos indutores de *stress* que possam afetar a capacidade de adaptação do sistema familiar (Weber, 2011). Neste sentido, o modelo ABCX (Hill, 1949) aborda a capacidade de resposta da família a algo que, de alguma forma, a ameaça e obriga à sua reestruturação. Para tal, o autor considera a existência de quatro fatores fundamentais, aos quais atribuiu as letras A, B, C e X. Considera-se que A é um evento *stressor*, B corresponde aos recursos familiares para lidar com as novas exigências, C refere-se à definição que a família faz do acontecimento (individual e coletivamente), e X à crise. Já o Modelo Duplo ABCX (McCubbin & Patterson, 1983) pretende complementar o anterior por considerar que o modelo de Hill (1949) reduz o seu foco às variáveis pré-crise. Assim, acrescenta os esforços que os membros da família fazem, ao longo do tempo, para se adaptar, propondo que sejam contempladas três fases: a pré-crise, a crise e a pós-crise (McCubbin & Patterson, 1983). Os autores acrescentam, assim, quatro fatores fundamentais: o fator aA que corresponde ao acumular de fatores de *stress*, o fator bB que representa os esforços da família para ativar ou adquirir novos recursos, o fator cC que implica as modificações da perceção familiar da situação total de crise, e o fator xX que corresponde à adaptação da família.

O F-COPES é composto por 29 itens. A partir de uma escala de *Likert* de 1 ("Discordo muito") a 5 ("Concordo muito") pontos, o sujeito deverá indicar em que medida concorda ou discorda com a afirmação apresentada. A versão original do F-COPES encontra-se organizada em cinco fatores: 1) Adquirir Suporte Social (9 itens que avaliam a capacidade da família para procurar apoio de parentes, vizinhos, amigos e da família alargada); 2) Reenquadramento (8 itens que medem a capacidade da família para redefinir os acontecimentos indutores de *stress*, de forma a torná-los mais controláveis); 3) Procura de Apoio Espiritual (4 itens que se focam na capacidade da família para obter apoio espiritual); 4) Mobilização da Família para Obter e Aceitar Ajuda (4 itens que permitem aceder à capacidade da família para encontrar e aceitar a ajuda da comunidade); 5) Avaliação Passiva

(4 itens que se relacionam com a capacidade da família para aceitar medidas problemáticas, minimizando o seu impacto). A versão original do F-COPES permite obter o resultado total de estratégias de *coping* e o resultado por fator. Esta escala avalia dois grandes tipos de estratégias de *coping* familiar: estratégias internas e estratégias externas (McCubbin, Larsen, & Olson, 1981). As primeiras dizem respeito à maneira como cada sujeito lida com as dificuldades, fazendo uso dos recursos existentes no seio familiar (Reenquadramento e Avaliação Passiva) e as segundas encontram-se relacionadas com o comportamento que cada sujeito desempenha para obter novos recursos de enfrentamento fora da família (Aquisição de Suporte Social, Procura de Suporte Espiritual, Mobilização Familiar para Adquirir e Aceitar Ajuda) (McCubbin et al., 1981).

A consistência interna do F-COPES original revelou-se boa no que respeita à escala total (α = .86) e às dimensões Adquirir Suporte Social (α = .83), Reenquadramento (α = .82) e Procura de Apoio Espiritual (α = .80). A dimensão Mobilização da Família para Obter e Aceitar Ajuda apresentou valores razoáveis de consistência interna (α = .71), sendo a Avaliação Passiva, a única dimensão com valores de Alfa de Cronbach inferiores aos considerados razoáveis (α = . 63) (McCubbin et al., 1981).

2. Estudos em Portugal
Como foi desenvolvido/ adaptado e validado?

Estudos de tradução e adaptação

O F-COPES encontra-se traduzido, em português, desde 1990 por Vaz Serra, Firmino, Ramalheira e Canavarro. É partindo desta tradução que em 2008, Martins valida o F-COPES, utilizando uma amostra composta por 372 sujeitos da população geral. Através de uma análise fatorial exploratória com rotação *varimax,* a autora sugere uma solução de sete fatores, responsável por 58.8% da variância total e que engloba cinco subescalas (Reenquadramento - α =.79, Procura de Apoio Espiritual - α = .85, Aquisição de Apoio Social nas Relações de Vizinhança - α = .82, Aquisição de Apoio Social nas Relações Íntimas - α = .77 e Mobilização de Apoio Formal - α = .70) e duas dimensões (Atitude Passiva e Avaliação Passiva) que não podem ser utilizadas como subescalas independentes.

Em 2013, Antunes, partindo da mesma tradução e utilizando uma amostra composta por 534 sujeitos da população geral, conclui, através de análises fatoriais confirmatórias (AFC), que tanto o modelo da versão original de cinco fatores (McCubbin et al., 1981), como o modelo de sete fatores (Martins, 2008) apresentam índices de ajustamento muito distantes do recomendado. Assim, realiza uma AFE (com rotação *varimax*), seguida de uma análise fatorial confirmatória (qui-quadrado (χ^2)/graus de liberdade (df) = 2.83, *CFI* (*Comparative Fit Index*) = .83 e *RMSEA* (*Root Mean Square Error of Aproximation*) = .06) e propõe a seguinte estrutura de quatro fatores, responsáveis por 54.5% da variância total: Reenquadramento (α = .89); Apoio Social – Religioso, Profissional e da Comunidade (α = .87); Apoio Social – Relações Próximas (α = .84) e Avaliação Passiva (α = .63).

Desta forma, dada a diversidade de versões portuguesas do F-COPES, o presente estudo pretende analisar cada um dos modelos fatoriais referidos, o original de cinco fatores (McCubbin et al., 1981), o de sete fatores (Martins, 2008) e o de quatro fatores (Antunes, 2013), procurando perceber qual deles reúne melhores propriedades psicométricas para ser utilizado na população portuguesa.

Utilizou-se a tradução portuguesa, realizada em 1990 por Vaz Serra et al., também administrada nos estudos de Martins (2008) e de Antunes (2013) e um questionário de dados sociodemográficos.

A amostra foi recolhida através do método de amostragem por conveniência, a partir da população geral (*N* = 595), desde 2008 até 2014. O nível socioeconómico (NSE) foi calculado segundo a classificação proposta por Simões (2000) e utilizou-se a tipologia das áreas urbanas do Instituto Nacional de Estatística (INE, 2009) para classificar as áreas de residência – Áreas Predominantemente Urbanas (APU), Áreas Medianamente Urbanas (AMU) e Áreas Predominantemente Rurais (APR).

Trata-se de uma amostra composta maioritariamente por mulheres (64.0%). A faixa etária mais predominante varia entre os 30 e os 39 anos (22.9%), a maioria dos participantes é licenciada (24.2%), casada (60.3%), pertencente a um NSE médio (50.9%) e residente numa APU (37.2%) (cf. Quadro 2).

Quadro 2.
Caracterização da amostra

		Frequência (*n*)	Percentagem (%)
Sexo	Masculino	214	36.0
	Feminino	381	64.0
Faixa etária	12-19	48	8.1
	20-29	130	21.8
	30-39	136	22.9
	40-49	130	21.8
	50-59	84	14.1
	60-69	37	6.2
	> 70	30	5.0
Escolaridade	< 1° Ciclo	19	3.2
	1° Ciclo	69	11.6
	2° Ciclo	73	12.3
	3° Ciclo	122	20.5
	Secundário	121	20.3
	Curso profissional	32	5.4
	Licenciatura ou >	144	24.2
	Missing values	15	2.5
Estado civil	Solteiro	120	20.2
	Casado	359	60.3
	União de facto	55	9.2
	Divorciado	28	4.7
	Separado	5	0.8
	Viúvo	13	2.2
	Missing values	15	2.5
NSE	Baixo	168	28.2
	Médio	303	50.9
	Elevado	48	8.1
	(Estudantes)	76	12.8
Residência	APU	221	37.2
	AMU	198	33.3
	APR	176	29.6

Estudos de validade interna: Análise fatorial confirmatória (AFC)

Para obtermos as estatísticas de ajustamento para cada um dos modelos em análise (5, 7 e 4 fatores), realizámos uma AFC para cada um deles. Foi utilizado o *solfware* AMOS 22 (*Analysis of Moment Structures*), considerando-se a matriz de covariâncias e adotando o método de estimação ML (*Maximum Likelihood*). Para o teste de ajuste dos modelos propostos consideraram-se os seguintes índices: qui-quadrado (χ^2)/graus de liberdade (df), *CFI* (*Comparative Fit Index*), *GFI* (*Goodness-of-fit Index*) e *RMSEA* (*Root Mean Square Error of Aproximation*) (Marôco, 2010). Adotaram-se, como critérios de ajuste satisfatório do modelo aos dados, os seguintes valores dos índices: χ^2/df inferior a 5, *CFI* e *GFI* superiores a .90 e *RMSEA* inferior a .10 (Marôco, 2010).

Modelo original (McCubbin et al., 1981) (5 fatores): Aquisição de Suporte Social (itens 1, 2, 4, 5, 10, 16, 20, 25, 29), Reenquadramento (itens 3, 7, 11, 13, 15, 19, 22, 24), Procura de Suporte Espiritual (itens 14, 23, 27, 30), Mobilização Familiar para Adquirir e Aceitar Ajuda (itens 6, 8, 9, 20, 21) e Avaliação Passiva (itens 12, 17, 26, 28). Este modelo apresentou índices de ajustamento desadequados, mesmo depois de realizadas algumas modificações sugeridas pelos índices de modificação: χ^2 = 1801.681 ($p < .001$), χ^2/df = 4.909, *CFI* = .822, *GFI* = .810, *RMSEA*: .081 (*Lo* = .077, *Hi* = .085).

Modelo de Martins (2008) (7 fatores): Reenquadramento (itens 3, 7, 11, 13, 15, 22, 24), Procura de Apoio Espiritual (itens 14, 23, 27, 30), Aquisição de Apoio Social – Relações de Vizinhança (itens 8, 10, 29), Aquisição de Apoio Social – Relações Íntimas (itens 1, 2, 4, 5, 16, 25), Mobilização de Apoio Formal (itens 6, 9, 21), Aceitação Passiva (itens 12, 19, 20), e Avaliação Passiva (17, 26, 28). Este modelo apresentou, em geral, índices de ajustamento adequados - χ^2 = 956.215 ($p < .001$), χ^2/df = 2.837, *CFI* = .923, *GFI* = .901, *RMSEA*: .056 (*Lo* = .051, *Hi* = .060). Para se obter este ajustamento final foram necessárias algumas modificações sugeridas pelos índices de modificação. Note-se que apenas se realizaram alterações quando o índice de modificação era elevado e simultaneamente correspondia a uma alteração teoricamente plausível. Por exemplo, acrescentou-se uma correlação entre os erros do item 6 ("auxílio de instituições criadas para ajudar famílias") e 9 ("informação e conselhos junto do médico de família"). Teoricamente, facilmente se aceitam as alterações sugeridas, uma vez que o conteúdo dos itens remete para aspetos que se encontram visivelmente associados (neste caso procura de apoio formal).

Modelo de Antunes (2013) (4 fatores): Apoio Proveniente de Relações Próximas (itens 1, 2, 5, 16, 20, 25), Apoio Social Comunitário (itens 4, 6, 8, 9, 10, 14, 21, 23, 27, 29, 30), Reenquadramento (itens 3, 7, 11, 13, 15, 19, 22, 24), e Avaliação Passiva (itens 12, 17, 26, 28). Este modelo apresentou índices de ajustamento desadequados, mesmo depois de realizadas algumas modificações sugeridas pelos índices de modificação: $\chi2$ = 2341.240 ($p < .001$), $\chi2/df$ = 6.328, *CFI* = .755, *GFI* = .750, *RMSEA*: .095 (*Lo* = .091, *Hi* = .098).

Em suma, atendendo a estes resultados, o modelo de sete fatores (Martins, 2008) é o mais ajustado. Todos os valores das saturações são adequados, com as saturações estandardizadas situadas entre .24 e .93 (cf. Quadro 3).

Quadro 3.
Estrutura fatorial do F-COPES

Item F-COPES	Fator	Saturação Estandardizada
3. (…) capacidade para resolver (…)		.86
7. Sabemos que a nossa família tem recursos (…)		.71
11. Encaramos os problemas de frente (…)		.79
13. Mostramos que somos fortes	Reenquadramento	.60
15. Aceitamos (…) como parte integrante da vida		.57
22. Acreditamos que podemos lidar com (…)		.77
24. Definimos (…) de uma forma mais positiva (…)		.73

14. Frequentamos a igreja (...)		.93
23. (...) atividades religiosas	Procura de Apoio	.88
27. Procuramos (...) um padre	Espiritual	.75
30. Temos fé (...)		.67

8. Recebemos ofertas e favores de vizinhos (...)	Aquisição de Apoio	.84
10. Pedimos aos nossos vizinhos (...) favores (...)	Social - Relações de	.84
29. Partilhamos os problemas (...) vizinhos	Vizinhança	.75

1. Compartilhamos (...) dificuldades (...) familiares		.68
2. (...) Encorajamento e o apoio de amigos		.71
4. (...) outras famílias que passaram por problemas (...)	Aquisição de Apoio	.73
5. (...) conselhos de parentes próximos (...)	Social - Relações	.73
16. (...) preocupações com os amigos íntimos	Íntimas	.66
25. Perguntamos aos nossos familiares o que sentem (...)		.70

6. Procuramos auxílio de instituições (...)		.76
9. (...) conselhos junto do médico de família	Mobilização de	.68
21. (...) ajuda profissional (...)	Apoio Formal	.75

12. Vemos televisão		.24
19. Aceitamos que as dificuldades acontecem (...)	Aceitação Passiva	.58
20. Convivemos com a família (...)		.65

17. (...) a sorte tem um papel importante (...)		.61
26. Sentimos que (...) teremos dificuldade (...)	Avaliação Passiva	.68
28. Acreditamos que se deixarmos passar o tempo (...)		.58

Associação entre subescalas

As sete subescalas encontram-se relacionadas entre si ($p < .05$), de forma fraca a moderada ($.10 < r < .61$) (Pestana & Gageiro, 2008). As escalas cuja correlação apresenta valores mais baixos são Mobilização de Apoio Formal e Avaliação Passiva; por outro lado, aquelas cuja correlação apresenta valores mais elevados são Aceitação Passiva e Reenquadramento e Aquisição de Apoio Social – Relações Íntimas e Reenquadramento. Estas correlações positivas eram esperadas, uma vez que as subescalas representam domínios de um mesmo conceito, o *coping*, tido como multidimensional (McCubbin et al., 1981) (cf. Quadro 4).

Quadro 4.
Intercorrelações entre dimensões

	R	PAE	AASV	AASI	MAF	AP
PAE	.31					
AASV	.20	.42				
AASI	.61	.41	.48			
MAF	.29	.47	.51	.59		
AP	.61	.29	.21	.57	.35	
AVP	.33	.05*	.03*	.20	.10	.31

Nota. R = Reenquadramento; PAE = Procura de Apoio Espiritual; AASV = Aquisição de Apoio Social - Relações de Vizinhança; AASI = Aquisição de Apoio Social – Relações Íntimas; MAF = Mobilização de Apoio Formal; AP = Aceitação Passiva; AVP = Avaliação Passiva.
*sem significância estatística (todos os outros resultados são estatisticamente significativos para $p < .001$ ou $p < .05$).

Estudos de precisão: Consistência interna

Os fatores Reenquadramento, Procura de Apoio Espiritual, Aquisição de Apoio Social - Relações de Vizinhança e Aquisição de Apoio Social - Relações Íntimas apresentam uma consistência interna boa (α = .88, α = .86, α = .83, α = 84, respetivamente) (Pestana & Gageiro, 2008). O fator Mobilização de Apoio Formal apresenta uma consistência interna razoável (α = .75) (Pestana & Gageiro, 2008). Os fatores Aceitação Passiva e Avaliação Passiva apresentam uma consistência interna fraca (α = .22 e .65, respetivamente) (Pestana & Gageiro, 2008), pelo que não devem ser utilizados como subescalas. Por fim, a escala total apresenta uma consistência interna muito boa (α = .91) (Pestana & Gageiro, 2008), não sendo o valor de alfa de Cronbach melhorado face à eliminação de qualquer um dos itens que a compõem (cf. Quadro 5).

A correlação item-total indica uma adequada capacidade discriminante de todos os itens (> .30) (Wilmut, 1975). Este índice de discriminação varia entre .68 e .83 no fator Reenquadramento, entre .76 e .91 no fator Procura de Apoio Espiritual, entre .81 e .90 no fator Aquisição de Apoio Social - Relações de Vizinhança, entre .68 e .81 no fator Aquisição de Apoio Social - Relações Íntimas, entre .80 e .84 no fator Mobilização de Apoio Formal, entre .58 e .68 no fator Aceitação Passiva e entre .74 e .79 no fator Avaliação Passiva.

Quadro 5.
Valores das correlações item-total corrigidas e do alfa de Cronbach com eliminação do item

Item	Correlações item-total corrigidas	Alfa de Cronbach com eliminação do item
Item 1	.61	.91
Item 2	.63	.91
Item 3	.60	.91
Item 4	.59	.91
Item 5	.63	.91
Item 6	.48	.91
Item 7	.54	.91
Item 8	.47	.91
Item 9	.52	.91
Item 10	.47	.91
Item 11	.58	.91
Item 12	.16	.91
Item 13	.45	.91
Item 14	.50	.91
Item 15	.52	.91
Item 16	.58	.91
Item 17	.13	.91
Item 18	.44	.91
Item 19	.49	.91
Item 20	.54	.91
Item 21	.54	.91
Item 22	.53	.91
Item 23	.51	.91
Item 24	.60	.91
Item 25	.59	.91
Item 26	.25	.91
Item 27	.49	.91
Item 28	.31	.91
Item 29	.42	.91

3. Aplicação
Como aplicar, cotar e interpretar?

O material necessário para a aplicação do F-COPES é apenas a versão em papel do questionário e uma caneta. A aplicação requer que o sujeito cote cada um dos 29 itens no que diz respeito ao grau de concordância com os aspetos apresentados. Os itens são cotados numa escala de tipo *Likert*, de 1 ("Discordo muito") a 5 ("Concordo muito"). O cálculo do resultado total e respetivas subescalas implica, atendendo às indicações dos autores (McCubbin et al., 1981), a soma dos itens abrangidos. O estudo que aqui se apresenta permitiu calcular os valores de referência. Assim, apresentam-se no Quadro 6, as médias e desvios-padrão para o resultado total do F-COPES e das suas cinco subescalas, para a totalidade da amostra e considerando o sexo dos respondentes.

Quadro 6.
Valores de referência F-COPES: Amostra total e por sexo

Resultados F-COPES	Amostra Total (N = 595)		Sexo Masculino (n = 214)		Sexo Feminino (n = 381)	
	M	DP	M	DP	M	DP
Reenquadramento	25.46	5.47	25.80	4.29	25.27	6.03
Procura de Apoio Espiritual	10.75	4.38	10.33	4.09	10.99	4.53
Aquisição de Apoio Social - RV	6.28	3.05	6.05	2.85	6.41	3.15
Aquisição de Apoio Social - RI	20.35	5.10	20.07	4.40	20.51	5.46
Mobilização de Apoio Formal	8.08	3.08	8.10	2.99	8.08	3.14
Total	90.37	17.91	90.15	13.71	90.49	19.90

Passando para a interpretação dos resultados, quer total, quer das cinco subescalas, podemos inferir que quanto mais elevados forem os resultados mais estratégias de coping familiar são utilizadas pelo sujeito.

4. Vantagens, limitações e estudos futuros

A versão portuguesa e validada do F-COPES constitui uma medida de *coping* familiar válida e fiável, enriquecedora do leque de instrumentos de avaliação, disponíveis em Portugal (para a população geral). Permite avaliar as estratégias de *coping* utilizadas pelas famílias quando confrontadas com situações de *stress*/crise, tanto no que respeita a estratégias de *coping* internas (Reenquadramento), como externas (Procura de Apoio Espiritual, Aquisição de Apoio Social - Relações de Vizinhança, Aquisição de Apoio Social - Relações Íntimas e Mobilização de Apoio

Formal). Estas subescalas apresentam valores de consistência interna considerados razoáveis (Pestana & Gageiro, 2008) (alfa de Cronbach entre .75 e .88).

As limitações deste estudo prendem-se, sobretudo, com as características da amostra (amostra não probabilística de conveniência e não estratificada e de dimensão relativamente reduzida). Para além disso, o *coping* passivo (Avaliação Passiva e Aceitação Passiva) não pode ser avaliado, de forma independente, nesta versão do F-COPES, dados os baixos valores de consistência interna.

Futuramente será importante desenvolver estudos que melhorem as características psicométricas dos fatores Avaliação Passiva e Aceitação Passiva, por exemplo, através da construção e estudo de novos itens para estas dimensões. Pode igualmente ser útil analisar a validade concorrente do F-COPES, através da correlação com outros instrumentos que avaliem o *coping*. Ainda neste sentido, o estudo do acordo entre informadores, por exemplo entre pai e mãe aquando um determinado problema familiar, também pode constituir uma mais-valia.

5. Bibliografia

Antunes, C. (2013). *Estudo de validação do Inventário Familiar de Acontecimentos e Mudanças de Vida (FILE) e das Escalas de Avaliação Pessoal Orientadas para a Crise em Família (F-COPES) numa amostra de população geral portuguesa.* (Dissertação de Mestrado Integrado não publicada). Faculdade de Psicologia e de Ciências da Educação da Universidade de Coimbra, Coimbra.

Freud, S. (1933). *New introductory lectures on psychoanalysis.* New York: Norton.

Grotevant, H., & Carlson, C. (1989). *Family assessment: A guide to methods and measures.* New York: Guilford.

Hill, R. (1949). *Families under stress: Adjustment to the crises of war separation and reunion.* New York: Harper & Brothers.

Instituto Nacional de Estatística (INE). (2009). *Tipologia de áreas urbanas.* Disponível em http://smi.ine.pt/Versao/Detalhes/1961

Lazarus, R. S., & Folkman, S. (1984). *Stress, appraisal and coping.* New York: Springer.

Lazarus, R., & Lazarus, B. (2006). *Coping with aging.* New York: Oxford University.

Lopes, A., & Lourenço, M. (2007). *Generalidades e singularidades da doença em família: Perceção da qualidade de vida, stress e coping.* Acedido em http://www.psicologia.pt/teses/textos/TE0001.pdf

Marôco, J. (2010). *Análise de equações estruturais.* Lisboa: Escolar.

Martins, C. (2008). *F-COPES: Estudo de validação para a população portuguesa*. (Dissertação de Mestrado Integrado não publicada). Faculdade de Psicologia e de Ciências da Educação da Universidade de Coimbra, Coimbra.

McCubbin, H.I., Larsen, A., & Olson, D. (1981). Family crisis oriented personal scales (FCOPES). In H.I. McCubbin, A.I., Thompson, & M.A. McCubbin, H.A. (Eds.), *Family assessment: Resiliency, coping & adaptation: Inventories for research and practice* (pp. 455-507). Madison, WI: University of Wisconsin System.

McCubbin, H. I., & Patterson, J. M. (1983). Family stress process: The Double ABCX Model of family adjustment and adaptation. *Marriage and Family Review, 6*, 7-37.

Monat, A., & Lazarus, R. (1985). *Stress and coping: An anthology*. New York: Columbia University.

Olson, D. H., & Barnes, H. (1982). Quality of life. In D. Olson et al. (Eds.), *Family inventories* (pp. 137-148). St-Paul, Minnesota: University of Minnesota, Family Social Science.

Olson, D., McCubbin, H., Barnes, H., Larsen, A., Muxen, M., & Wilson, M. (1982). *Family inventories*. University of Minnesota, St. Paul.

Olson, D., McCubbin, H., Barnes, H., Larsen, A., Muxen, M., & Wilson, M. (1983). *Families: What makes them work*. London: Sage.

Pais Ribeiro, J. L., & Rodrigues, A. P. (2004). Questões acerca do Coping: A propósito do estudo de adaptação do Brief COPE. *Psicologia, Saúde e Doenças, 5*(1), 3-15.

Pearlin, L. I., & Schooler, C. (1978). The structure of coping. *Journal of Health and Social Behavior, 19*, 2-21. doi:10.2307/2136319

Pestana, M. H., & Gageiro, J. (2008). *Análise de dados para ciências sociais: A complementaridade do SPSS* (5ª ed.). Lisboa: Sílabo.

Simões, M. R. (2000). *Investigações no âmbito da aferição nacional do Teste das Matrizes Progressivas Coloridas de Raven* (M.P.C.R). Lisboa: Fundação Calouste Gulbenkian/ Fundação para a Ciência e a Tecnologia.

Smith, J. C. (1993). *Understanding stress and coping*. New York: Macmillan Publishing Company.

Taft, C. T., Resick, P. A., Panuzio, J., Vogt, D. S., & Mechanic, M. B. (2007). Coping among victims of relationship abuse: A longitudinal examination. *Violence and Victims, 22*, 408-418.

Vaz Serra, A. (2007). *O stress na vida de todos os dias*. Coimbra: Gráfica de Coimbra.

Weber, J. (2011). *Individual and family stress and crises*. California: SAGE.

Wilmut, J. (1975). Objective test analysis: Some criteria for item selection. *Research in Education, 13*, 27-56.

ESCALA DE RESILIÊNCIA PARA ADULTOS (ERA)

Marco Pereira
Margarida Cardoso
Sara Albuquerque
Catarina Janeiro
Stephanie Alves

"Apart from being unlucky enough to get ALS... I have been fortunate in almost every other respect. The help and support I received... have made it possible for me to lead a fairly normal life..."

(Hawking, 1988, p. vii)

Resumo

Em 2001, Hjemdal, Friborg, Martinussen e Rosenvinge desenvolveram, na Noruega, uma escala para avaliar a resiliência, a *Resilience Scale for Adults* (RSA). Esta escala foi sofrendo ajustamentos ao longo dos anos, chegando a uma versão final composta por 33 itens organizados em seis fatores. No presente capítulo apresentam-se os estudos de adaptação e validação da versão em Português Europeu da *Escala de Resiliência para Adultos* (ERA). Numa amostra de validação da população geral ($N = 200$), a análise fatorial exploratória (AFE) sugeriu uma solução fatorial de cinco fatores, não tendo replicado a solução fatorial original. A análise fatorial confirmatória (AFC), numa segunda amostra ($N = 304$), permitiu confirmar o modelo de cinco fatores identificado na AFE, bem como o modelo

DOI: https://doi.org/10.14195/978-989-26-1268-3_2

original de seis fatores. O modelo original apresentou, no entanto, melhores índices de ajustamento, pelo que se afigura como válido em Portugal. Neste sentido, na versão em Português Europeu da ERA optou-se pelo modelo original de seis fatores. Este modelo evidenciou indicadores de consistência interna satisfatórios em termos da escala global e da maioria das suas dimensões, apresentando-se como uma escala útil para avaliar os fatores de resiliência. Os resultados obtidos são discutidos com base na utilidade da ERA para a investigação e prática clínica.

Palavras-chave: Escala de Resiliência para Adultos, estudos psicométricos, resiliência.

Abstract

In 2001, Hjemdal, Friborg, Martinussen, and Rosenvinge developed, in Norway, a questionnaire to assess resilience, the *Resilience Scale for Adults* (RSA). This scale has been adjusted through the years, and a final version comprising 33 items organized in six factors was achieved. In this chapter we present the adaptation and validation studies of the European Portuguese version of the RSA. In a validation sample of participants of the general population ($N = 200$), the exploratory factor analysis (EFA) suggested a five-factor model, which did not replicate the original factor solution. The confirmatory factor analysis (CFA), in a second sample ($N = 304$), allowed confirming the five-factor model identified in the EFA, as well as the original six-factor model. The original model showed however better adjustment indices and therefore seems to be a valid option in Portugal. Accordingly, in the European Portuguese version of the RSA we opted for the original six-factor model. This model shows adequate values of internal consistency for the total scale, as well as for most factors, presenting itself as a useful scale to assess resilience factors. The obtained results are discussed in relation to the utility of the RSA for both research and clinical practice.

Keywords: Resilience Scale for Adults, psychometric studies, resilience.

1. Instrumento
O que é, o que avalia e a quem se aplica?

No Quadro 1 encontra-se a ficha técnica relativa à Escala de Resiliência para Adultos (ERA; Friborg, Barlaug, Martinussen, Rosenvinge, & Hjemdal, 2005; Friborg, Hjemdal, Rosenvinge, & Martinussen, 2003; Friborg, Martinussen, & Rosenvinge, 2006; Hjemdal, Friborg, Martinussen, & Rosenvinge, 2001).

Quadro 1.
Ficha técnica da Escala de Resiliência para Adultos (ERA)

O que é?	A versão portuguesa de 33 itens da Escala de Resiliência para Adultos (ERA), no original em inglês *Resilience Scale for Adults* (RSA), publicada originalmente em 2001 por O. Hjemdal, O. Friborg, M. Martinussen, e J. Rosenvinge, na Noruega		
O que avalia?	A ERA é um questionário de auto-resposta que avalia diversas características de resiliência, contendo itens que na sua estrutura original se organizam nos seis fatores seguintes: Perceção do *Self*, Planeamento do Futuro, Competências Sociais, Coesão Familiar, Recursos Sociais e Estilo Estruturado		
	Estrutura da ERA		
	Subescala	Número Itens	Descrição
	Perceção do *Self* (PS)	6	Avalia a confiança nas próprias capacidades e julgamentos, auto-eficácia e expetativas realistas
	Planeamento do Futuro (PF)	4	Avalia a capacidade de planeamento antecipado, de ter uma visão otimista e de se orientar por objetivos claros e alcançáveis
	Competências Sociais (CS)	6	Avalia a flexibilidade em interações sociais, a capacidade de criar novas amizades, sentir-se à vontade em ambientes sociais e o uso positivo do humor
	Estilo Estruturado (EE)	4	Avalia a capacidade de ter e seguir rotinas, de organização do próprio tempo, e a preferência por objetivos e planos claros antes da realização das atividades
	Coesão Familiar (CF)	6	Avalia se os valores são partilhados ou discordantes na família, se os membros da família apreciam passar tempo juntos, se têm uma visão otimista do futuro, se são leais uns com os outros e se têm um sentimento de apreciação e apoio mútuo
	Recursos Sociais (RS)	7	Mede a disponibilidade de apoio social, se existe uma pessoa confidente fora do núcleo familiar (como amigos ou outros que os apreciam e encorajam) e se existem pessoas a quem recorrer fora da família caso necessitem de ajuda

A quem se aplica?	A ERA pode ser administrada em adultos de populações comunitárias e clínicas, destinando-se a uma utilização corrente em investigação e na prática clínica
Como ter acesso?	O acesso à versão Portuguesa da ERA pode ser efetuado através da página http://www.fpce.uc.pt/avaliacaofamiliar que contém todos os instrumentos de avaliação apresentados neste livro. Os utilizadores devem preencher um formulário breve acerca do propósito da utilização da ERA, incluindo contacto pessoal e institucional, bem como o contexto de utilização da escala

Fundamentação e história

No âmbito da tendência recente de mudança de uma perspetiva patogénica (i.e., focada na origem da doença) para uma perspetiva salutogénica (i.e., focada na origem da saúde), que enfatiza a saúde, o bem-estar e a qualidade de vida, bem como as competências positivas dos sujeitos, o conceito de resiliência tem vindo a adquirir cada vez maior atenção e relevância. A investigação sobre resiliência tem crescido nas últimas décadas, em particular em domínios do conhecimento como a Psicologia do Desenvolvimento, a Psicologia da Família e a Psicologia Clínica e da Saúde (e.g., Becvar, 2007; Davydov, Stewart, Ritchie, & Chaudieu, 2010; Tedeschi & Kilmer, 2005; Walsh, 2003). O foco crescente no papel da resiliência na promoção da saúde representa uma abordagem mais integradora à prevenção e tratamento, dado que permite equilibrar a ênfase na patologia e na vulnerabilidade com o foco nos mecanismos protetores e na adaptação positiva.

Do ponto de vista concetual, a resiliência tem vindo a ser definida a partir de duas perspetivas distintas: (1) a resiliência enquanto *resultado*, definida como o funcionamento adaptativo após a vivência de uma situação de adversidade; e (2) a resiliência enquanto *recurso*, como fator de proteção em situações indutoras de *stress*, potenciando a adaptação a estas situações (Schaap, Galen, Ruijter, & Smeets, 2009). No âmbito do primeiro ponto, a resiliência é assim definida como a capacidade de adaptação, competência ou funcionamento positivo dos indivíduos, quando na presença de adversidade ou risco (Masten, 2007), sendo que a existência de risco é um aspeto fundamental deste conceito. Para Hjemdal, Friborg,

Stiles, Rosenvinge e Martinussen (2006), o problema da concetualização da resiliência como resultado é que esta definição deixa muito pouco espaço para a previsão. Por outras palavras, define o resultado final, mas não o que contribui para esse resultado.

Para incluir esta perspetiva preditiva e facilitar a investigação sobre processos, Hjemdal, Friborg, Stiles, Rosenvinge e Martinussen (2006) definem a resiliência como os fatores protetores, processos e mecanismos que contribuem para um resultado positivo, apesar da experiência de acontecimentos que incorrem de um risco significativo de desenvolvimento de psicopatologia. A resiliência é, neste sentido, entendida como um constructo multidimensional, onde estão implícitas não só competências psicológicas, mas também a capacidade dos indivíduos recorrerem aos diversos sistemas do seu contexto (e.g., família, rede social) para melhor lidar com situações de *stress* e de adversidade.

Na linha desta segunda perspetiva, a resiliência é assim entendida como um conjunto de traços de personalidade, qualidades e competências individuais, relativamente estáveis, que estão associadas à capacidade de superar e ultrapassar a adversidade e lidar com o *stress* (Connor & Davidson, 2003; Smith-Osborne & Bolton, 2013). As pessoas resilientes são vistas como mais flexíveis que as pessoas vulneráveis e lidam com as situações de *stress* ou adversidades usando diversos recursos protetores, quer individuais quer interpessoais e contextuais (Friborg et al., 2003). A este respeito, é de salientar que a resiliência não protege os indivíduos dos acontecimentos de vida adversos. Na realidade, os indivíduos resilientes podem sentir perturbações transitórias no funcionamento normal, porém, estes indivíduos mostram uma capacidade de lidar de forma mais funcional e flexível com esses acontecimentos, exibindo deste modo uma trajetória estável de funcionamento saudável ao longo do tempo (Bonanno, 2004).

A avaliação da resiliência tem sido realizada de modos muito distintos, dada a multiplicidade e complexidade que lhe está subjacente (Curtis & Cicchetti, 2007). Com efeito, a dificuldade em definir resiliência tem sido bastante reconhecida (Luthar, Cicchetti, & Becker, 2000; Masten, 2007), o que tem criado desafios consideráveis na sua operacionalização. Apesar de alguma controvérsia em torno do uso de medidas de auto-resposta na avaliação da resiliência (Reppold, Mayer, Almeida, & Hutz, 2012), têm havido várias tentativas para a sua avaliação. No entanto, são ainda escassas as medidas validadas para a avaliação da resiliência, havendo também pouco consenso sobre quais são as melhores para a avaliar e descrever (Hoge, Austin, & Pollack, 2007). A maioria das medidas está ligada apenas em parte a este conceito (i.e., avaliando, por exemplo, a robustez e o *stress* percebido) e é aplicada a populações específicas, o que leva a que seja difícil uma análise e comparação de resultados (Connor & Davidson, 2003; Friborg et al., 2005; Schaap et al., 2009). A necessidade de instrumentos válidos de avaliação da resiliência que sejam fáceis de aplicar e interpretar é, portanto, evidente (Connor & Davidson, 2003; Vaishnavi, Connor, & Davidson, 2007), pois sem uma compreensão da multidimensionalidade e dinâmica deste conceito será difícil entender a disfuncionalidade e as dificuldades de adaptação (Bonanno, 2004).

Na avaliação da resiliência, quer em adolescentes quer em adultos, têm sido desenvolvidas, no entanto, algumas escalas (Ahern, Kiehl, Sole, & Byers, 2006), das quais se destacam as seguintes: *Resilience Scale* (RS; Wagnild & Young, 1993); *Ego-Resiliency Scale* (ER89; Bock & Kremen, 1996); *Connor-Davidson Resilience Scale* (CD-RISC; Connor & Davidson, 2003), assim como as suas versões abreviadas (CD-RISC10; Campbell-Sills & Stein, 2007; CD-RISC2; Vaishnavi et al., 2007); *Adolescent Resilience Scale* (ARS; Oshio, Kaneko, Nagamine, & Nakaya, 2003); *Resiliency Scales for Children & Adolescents* (RSCA; Prince-Embury, 2008); *Resilience Scale for Adolescents* (READ; Hjemdal, Friborg, Stiles, Martinussen, & Rosenvinge, 2006); *Brief-Resilient Coping Scale* (BRCS; Sinclair & Wallston, 2004); e *Brief Resilience Scale* (BRS; Smith et al., 2008). A importância da avalia-ção da resiliência é de tal modo central que nos últimos anos têm surgido diversas revisões que procuraram sintetizar informação sobre os instru-mentos (e respetiva qualidade) atualmente disponíveis (para revisão cf. Ahern et al., 2006; Gurgel, Plentz, Joly, & Reppold, 2013; Smith-Osborne & Bolton, 2013; Windle, Bennett, & Noyes, 2011).

Para além das medidas enunciadas, na Noruega, foi desenvolvida uma nova escala de avaliação de resiliência, que foi denominada de *Escala de Resiliência para Adultos* (ERA; Friborg et al., 2003; 2005; Hjemdal et al., 2001). Esta escala foi desenvolvida com o objetivo de colmatar a escassez de medidas de avaliação da resiliência, nomeadamente na população adulta, mas também com um propósito de capturar um conjunto de fatores protetores fundamentais (Hjemdal et al., 2001). Do ponto de vista concetual, no desenvolvimento da ERA, os autores tiveram em consideração os três grandes grupos de recursos protetores descritos na literatura (Cicchetti & Garmezy, 1993; Masten & Coatsworth, 1998; Rutter, 1990): (1) competências psicológicas/disposicionais e atributos do indivíduo; (2) apoio familiar e ambiente familiar coeso; e (3) presença de sistemas de apoio externo que promovem um *coping* eficiente e o ajustamento.

A versão inicial da ERA continha 45 itens (resultantes de uma *poll* de 295 itens), estando organizada em cinco fatores: Competência Pessoal, Competência Social, Suporte Social, Coesão Familiar e Estrutura Pessoal (Hjemdal et al., 2001). Em 2003, com vista a um novo afinamento da escala, Firborg e colaboradores adicionaram novos itens, sujeitando a ERA a novas análises. Este procedimento levou a uma versão composta por 37 itens. Numa revisão posterior, na qual os autores reformularam os itens e alteraram a escala de resposta de tipo *Likert* para um formato de resposta de diferencial semântico (e.g., para o item 16, "A minha família caracteriza-se por...", a escala de sete pontos variou entre "desunião" e "coesão saudável"), de modo a reduzir a tendência para a aquiescência, chegou--se à versão final atual de 33 itens (Friborg et al., 2005). Posteriormente, Hjemdal, Friborg, Stiles, Rosenvinge e Martinussen (2006), e após novas análises fatoriais confirmatórias, sugeriram uma estrutura em seis fatores: Perceção do *Self*, Planeamento do Futuro, Competências Sociais, Estilo Estruturado, Coesão Familiar e Recursos Sociais. Em termos globais, o que distingue as duas estruturas é que a dimensão competências pessoais encontra-se dividida nos fatores Perceção do *Self* e Planeamento do Futuro. Na sua versão final, a ERA é composta assim por 33 itens e permite avaliar os *recursos protetores* que promovem a resiliência na idade adulta (Hjemdal, Friborg, Stiles, Rosenvinge, & Martinussen, 2006). Os autores construíram assim um modelo da resiliência que mostrou ser ajustado nos vários estudos psicométricos realizados e que abrange fatores que estão incluídos num modelo global que compreende a resiliência como um conceito multidimensional relacionado com as três grandes categorias de *recursos protetores* anteriormente enunciadas.

Para além das aplicações da ERA em diferentes amostras da Noruega (e.g., Friborg et al., 2003, 2005, 2006; Hjemdal, Friborg, Stiles, Rosenvinge, & Martinussen, 2006), encontram-se disponíveis uma versão Persa desenvolvida em conjunto com investigadores do Irão (Jowkar, Friborg, & Hjemdal, 2010), uma versão em Francês desenvolvida na Bélgica (Hjemdal et al., 2011) e uma versão em Português do Brasil (Hjemdal, Roazzi, Dias, Roazzi, & Vikan, 2009). Nestas diferentes aplicações da ERA, todas as versões permitiram confirmar a estrutura fatorial proposta, ainda que os valores de consistência interna tenham diferido entre estudos. Nomeadamente, foram obtidos valores do alfa de Cronbach entre .76 e .84 (.90 para a escala total) no Irão (Jowkar et al., 2010), entre .63 e .78 (.84 para o total da escala) na Bélgica (Hjemdal et al., 2011) e entre .56 e .79 no Brasil (Hjemdal et al., 2009).

Os estudos psicométricos preliminares da versão em Português Europeu da ERA foram apresentados e publicados recentemente (Pereira, Cardoso, Alves, Narciso, & Canavarro, 2013), mas não foram realizados estudos confirmatórios da estrutura da ERA. No presente capítulo, apresentam-se assim os estudos de adaptação e validação da versão em Português Europeu da ERA e analisa-se se a estrutura fatorial original é replicada em Portugal.

2. Estudos em Portugal
Como foi desenvolvido/adaptado e validado?

Estudos de tradução e adaptação

Os estudos iniciais de desenvolvimento e validação da *Escala de Resiliência para Adultos* em Portugal resultam de um processo, decorrido entre outubro de 2009 e maio de 2010, no âmbito de um projeto de Pós-Doutoramento em curso na Faculdade de Psicologia e de Ciências da Educação da Universidade de Coimbra.

O primeiro passo deste processo consistiu na obtenção da autorização dos autores da ERA. Em seguida, iniciou-se o processo de tradução do instrumento para Português Europeu. Após contacto com os autores da escala original (O. Friborg e O. Hjemdal), tomou-se conhecimento de que já existia uma versão em Português (do Brasil). Dada a existência de divergências linguísticas entre o Português Europeu e do Brasil, optou-se por realizar o processo de tradução completo. A ERA foi inicialmente traduzida pelo investigador responsável pela validação da escala em Portugal e, posteriormente, esta versão foi revista por outros três investigadores com formação em Psicologia. Depois de incorporadas as sugestões dos três "revisores", chegou-se a uma tradução conciliadora que foi depois submetida a retroversão por uma tradutora independente fluente em Português e Inglês. A versão que resultou da retroversão foi comparada com a versão inicial e, em conjunto com a tradutora, foram feitos os ajustamentos necessários à primeira versão traduzida.

Concluídos os procedimentos de tradução e adaptação da ERA, iniciou-se o estudo de campo quantitativo. No estudo de validação, a ERA foi administrada a uma amostra composta por 200 participantes da população geral. A recolha da amostra (por conveniência) foi realizada junto da população geral, bem como de estudantes do Ensino Superior da Universidade de Coimbra. Num total de 248 protocolos distribuídos, 204 foram preenchidos e devolvidos (taxa de resposta = 82.3%), tendo quatro sido excluídos por preenchimento indevido. Cerca de um mês após a primeira aplicação, foi solicitado a 60 indivíduos que preenchessem uma segunda aplicação da ERA, de modo a avaliar a estabilidade temporal. Dos 60 participantes contactados, foi recebido um total de 45 protocolos de avaliação (taxa de resposta = 75%).

Para além da ERA, a bateria de avaliação do protocolo de validação incluiu um questionário de dados sociodemográficos e relativos à história relacional e familiar e acontecimentos de vida, bem como os instrumentos de auto-resposta seguintes: *Connor-Davidson Resilience Scale* (CD-RISC; Connor & Davidson, 2003; Versão Portuguesa (VP): Faria & Ribeiro, estudos em curso); *Escala de Auto-Eficácia Geral Percepcionada* (EAEGP;

45

Schwarzer & Jerusalem, 1995); *Perceived Stress Scale* (PSS; Cohen, Kamark & Mermelstein, 1983; VP: Mota-Cardoso Araújo, Ramos, Gonçalves, & Ramos, 2002); e o instrumento de avaliação da qualidade de vida, *World Health Organization Quality of Life* – versão abreviada (WHOQOL-Bref; WHOQOL Group, 1998; VP: Vaz Serra et al., 2006).

A amostra dos estudos de validação foi constituída, como referido, por 200 participantes, maioritariamente do sexo feminino (n = 106; 53%) e com uma idade média de 35.20 anos (DP = 14.94; amplitude: 18-72). A média de anos de escolaridade foi de 14.09 anos (DP = 3.36). Nas restantes variáveis, observou-se uma distribuição similar em termos de estado civil (51% casados/unidos de facto e 48% solteiros) e situação profissional (49% estudantes e 47.5% empregados). Em relação ao meio de proveniência, a maioria dos participantes residia em meio urbano (n = 146; 73%).

No âmbito do referido projeto de Pós-Doutoramento, uma amostra adicional de 304 participantes preencheu a ERA. Esta amostra integrou 152 casais da população geral, que responderam negativamente à presença de uma situação de particular adversidade, e casais em contexto de adversidade (e.g., diagnóstico de anomalia congénita de um filho, doença psiquiátrica de um dos elementos do casal). Os procedimentos de recolha destes grupos encontram-se descritos com detalhe em outras publicações dos autores (Albuquerque, Pereira, Fonseca, & Canavarro, 2012; Alves, Pereira, Janeiro, Narciso, & Canavarro, 2014).

Esta segunda amostra foi assim composta por 304 participantes, com igual proporção de homens e mulheres e com uma média de idades de 42.43 anos (DP = 10.46; amplitude: 23-76). A média de anos de escolaridade foi de 10.99 anos (DP = 4.04). Os participantes eram na maioria casados (84.2%) e estavam em situação de emprego (82.1%). Em relação ao meio de proveniência, a maioria dos participantes residia em meio urbano (91.7%).

Estudos descritivos

A análise descritiva dos 33 itens da ERA encontra-se no Quadro 2, onde se apresentam os valores para a média (M), desvio-padrão (DP), moda, amplitude, assimetria e curtose. São também apresentadas as análises de consistência interna, nomeadamente os valores das correlações item-total e os valores do coeficiente alfa de Cronbach quando o item é excluído.

Quadro 2.
Estatísticas descritivas dos itens da ERA e consistência interna

Item	M	DP	Moda	Amplitude	Assimetria	Curtose	Correlação Item-Total Corrigida	Alfa com Item Excluído
1	5.17	1.34	6	1-7	-0.62	-0.18	.48	.901
2	5.52	1.28	6	2-7	-0.98	0.76	.52	.900
3	4.92	1.70	6	1-7	-0.59	-0.44	.28	.905
4	5.20	1.53	6	1-7	-0.89	0.20	.41	.902
5	5.91	1.27	7	1-7	-1.56	2.69	.44	.901
6	4.51	1.77	6	1-7	-0.41	-0.76	.18	.907
7	5.42	1.31	6	1-7	-0.77	-0.01	.56	.900
8	4.50	1.55	4	1-7	-0.44	-0.43	.45	.901
9	5.33	1.35	6	1-7	-0.73	0.41	.36	.903
10	5.84	1.46	7	1-7	-1.60	2.18	.53	.900
11	6.08	1.16	7	1-7	-1.76	3.42	.63	.899
12	4.42	1.58	5	1-7	-0.20	-0.67	.18	.906
13	5.23	1.32	6	1-7	-0.71	0.17	.45	.901
14	5.10	1.40	6	1-7	-0.72	-0.05	.56	.899
15	4.77	1.74	6	1-7	-0.63	-0.47	.37	.903
16	5.68	1.41	7	1-7	-1.18	1.04	.49	.901
17	5.76	1.13	6	2-7	-0.95	0.65	.44	.901
18	4.65	1.65	6	1-7	-0.47	-0.57	.32	.904
19	5.47	1.39	6	1-7	-1.06	0.84	.59	.899
20	5.13	1.43	6	1-7	-0.73	0.07	.64	.898
21	4.94	1.57	6	1-7	-0.67	-0.24	.47	.901
22	5.17	1.38	6	1-7	-0.68	-0.30	.50	.900
23	5.43	1.39	6	1-7	-0.77	-0.07	.52	.900
24	5.14	1.35	6	1-7	-0.53	-0.31	.30	.903
25	4.51	1.70	6	1-7	-0.41	-0.93	.52	.900
26	5.78	1.20	6	1-7	-1.23	1.56	.56	.900
27	5.72	1.31	6	1-7	-1.33	1.70	.45	.901
28	6.04	1.27	7	1-7	-1.79	3.19	.51	.900
29	4.56	1.59	6	1-7	-0.45	-0.59	.33	.903
30	5.17	1.52	6	1-7	-0.70	-0.17	.45	.901
31	5.10	1.51	6	1-7	-0.46	-0.77	.54	.900
32	5.67	1.43	7	1-7	-1.27	1.37	.43	.901
33	5.70	1.17	6	2-7	-1.03	0.74	.66	.898

Os resultados encontrados indicam que o item da ERA que apresenta uma média mais elevada (M = 6.08; DP = 1.16) corresponde ao item 11 "Aqueles que são bons a encorajar-me... são alguns amigos próximos/familiares". Por outro lado, o item 12 "Quando inicio novas coisas/projectos... prefiro ter um plano minucioso" obteve a média mais baixa (M = 4.42; DP = 1.58). De um modo geral, os valores oscilam entre 1 e 7, sendo que o valor mais frequente é o 6. Os valores mínimos e máximos registados nas respostas a cada item ilustram que, em 30 dos 33 itens, cada uma das alternativas foi escolhida por pelo menos um participante. Quanto à assimetria, os itens apresentam todos um valor negativo, com destaque para um maior afastamento dos itens 5, 10, 11, 16, 19, 26, 27, 28, 32 e 33 (assimetria > 1.00 e < 1.79). Em termos do grau de achatamento da distribuição, os itens que se encontram mais afastados do valor zero são os itens 5, 10, 11, 16, 26, 27, 28, e 32, sendo que os valores para estes oito itens são todos positivos (curtose > 1.00 e < 3.42). Resultados semelhantes foram obtidos em estudos anteriores da ERA, suportando que a não-normalidade nos resultados de resiliência é um fenómeno comum.

Estudos de precisão

Para averiguar a precisão dos dados, procedemos à análise da consistência interna dos itens da ERA, através do cálculo do coeficiente alfa de Cronbach, da escala total e dos fatores que a compõem. Assim, para o total dos itens, a ERA apresentou um alfa de Cronbach de .90. O valor do coeficiente Split-Half foi de .90. A análise dos valores do coeficiente alfa da escala total aquando a exclusão de qualquer um dos itens mostrou que a sua exclusão não aumenta de forma expressiva a consistência interna total da escala (cf. Quadro 2), com exceção dos casos em que são excluídos os itens 6 e 12. Os valores de correlação item-total (corrigida) são, na generalidade, aceitáveis, variando entre .18 e .66. Em relação à estabilidade temporal, verificou-se que as correlações entre os itens foram todas superiores a .60 e estatisticamente significativas para um nível de significação < .001; a exceção foi o item 10 (r = .31, p = .038).

Estudos de validade de constructo: Análise fatorial exploratória

A validade de constructo da ERA foi verificada através da análise fatorial exploratória (AFE) na amostra de validação inicial. Uma primeira AFE, seguida de rotação Promax, culminou com uma solução de oito fatores, cuja variância total explicada era de 60.0%. Uma vez que os três últimos fatores explicavam uma percentagem da variância relativamente baixa (i.e., respetivamente 3.7%, 3.5% e 3.2%), aliado ao facto destes últimos conterem poucos itens, optou-se por pedir a extração de seis fatores, de acordo com a estrutura original da escala.

Na segunda solução, a variância cumulativa explicada foi de 53.4%. O Fator 1 explicava 26.9% da variância, o Fator 2 explicava 7.3%, o Fator 3 explicava 6.4%, o Fator 4 explicava 4.9%, o Fator 5 explicava 4.2% e o Fator 6 explicava 3,7% da variância. O teste de Keiser-Meyer-Olkin (KMO), com o resultado de .86 e com o teste de esfericidade de Bartlett (p < .001) suportam a utilização desta análise.

Uma vez que no Fator 6 saturavam apenas dois itens (i.e., itens 6 e 8), optou-se por alocar o item 8 no Fator 1, onde saturava também de forma satisfatória e optou-se por eliminar o item 6, pois este não saturava em nenhum dos restantes fatores. De assinalar que este item foi o que mais fez inflacionar o valor do alfa de Cronbach quando excluído. A realização de nova análise fatorial apenas com os 32 itens, e forçada a cinco fatores, revelou a estrutura apresentada no Quadro 3. Assim, na solução de cinco fatores, o Fator 1 foi designado de Competências Pessoais; o Fator 2 foi nomeado de Coesão Familiar; o Fator 3 recebeu a designação de Recursos Sociais; o Fator 4 de Competências Sociais e o Fator 5 foi designado de Estilo Estruturado. A denominação dos fatores seguiu a designação dada pelos autores originais da ERA e, na sua globalidade, a estrutura resultante da AFE apresenta semelhanças com a estrutura inicialmente proposta.

Quadro 3.
Matriz rodada, comunalidades e variância explicada (Rotação Promax) – ERA

Itens	Fatores				
	1	2	3	4	5
13. Os meus juízos e decisões...	.79				
29. Acontecimentos na vida que não consigo influenciar...	.77				
1. Quando acontece alguma coisa imprevista...	.73				
14. Os meus objectivos...	.72				
25. Em períodos difíceis tenho tendência...	.69				
7. Os meus problemas pessoais...	.62				
2. Os meus planos para o futuro...	.61				
19. Acreditar em mim...	.43				
8. Sinto que o meu futuro parece...	.39				
16. A minha família caracteriza-se por...		.86			
31. Na minha família, gostamos de...		.83			
27. Perante outras pessoas, a nossa família mostra...		.68			
22. Em períodos difíceis, a minha família...		.58			
4. Perspectiva da família sobre o importante na vida...		.56			
10. Eu sinto-me [muito feliz/infeliz na família]...		.56			
23. Quando um familiar passa por uma crise/emergência...		.49			
18. Sou bom (boa) a...		.49			
28. Eu recebo apoio de...			.85		
5. Posso discutir assuntos pessoais com...			.73		
11. Aqueles que são bons a encorajar-me...			.65		
32. Quando preciso [ajuda]...			.56		
17. A ligação entre os meus amigos é...			.41		
33. Os meus amigos/familiares próximos[a]...			.30		
15. Novas amizades são algo...				.85	
21. Conhecer novas pessoas...				.84	
3. Eu gosto de estar...				.57	
30. Para mim, pensar em bons tópicos de conversa...				.51	
26. Quando estou com outras pessoas[a]...				.24	
12. Quando inicio novas coisas/projectos...					.77
24. Regras e rotinas habituais...					.70
9. Ser flexível em contextos sociais...					.53
20. Os meus objectivos para o futuro...					.46

F1: Competências Pessoais; F2: Coesão Familiar; F3: Recursos Sociais; F4: Competências Sociais; e F5: Estilo Estruturado.

[a] Os itens 26 e 30 saturaram igualmente nos Fatores 2 e 4, respetivamente. Por razões concetuais e após análise das duas matrizes resultantes da AFE, optou-se por mudar os itens para os fatores onde se encontram nesta solução final (respetivamente, Fator 4 e 3).

Considerando esta solução fatorial, os alfas de Cronbach variaram entre .61 (F5: Estilo Estruturado) e .84 (F1: Competências Pessoais). Os valores da correlação teste-reteste, tendo variado entre .79 (F2: Coesão Familiar) e .93 (F1: Competências Pessoais), atestam a estabilidade temporal do instrumento.

Estudos de validade

Os fatores da ERA encontram-se significativamente associados entre si, o que permite admitir a existência da validade de conteúdo desta escala. As correlações são maioritariamente moderadas, com uma variação entre .33 (entre os fatores Coesão Familiar e Competências Sociais) e .59 (entre os fatores Coesão Familiar e Recursos Sociais). Com a finalidade de avaliar as validades concorrente e divergente, foram analisadas as correlações entre os fatores da ERA com outros instrumentos. A validade concorrente foi avaliada através da correlação entre os fatores da ERA e os da CD-RISC (Quadro 4). As correlações variaram entre .07 (entre o Fator 3 da CD-RISC e o fator Estilo Estruturado da ERA) e .67 (entre o Fator 1 da CD-RISC e o fator Competências Pessoais). As associações mais baixas dos fatores da ERA registaram-se com o fator Influências Espirituais da CD-RISC (F5).

Quadro 4.
Validade concorrente (correlação entre a ERA e a CD-RISC)

Fatores da ERA	Fatores da CD-RISC				
	F1	F2	F3	F4	F5
Competências Pessoais	.67***	.46***	.39***	.34***	.39***
Coesão Familiar	.46***	.22**	.10	.23**	.27***
Recursos Sociais	.62***	.41***	.30***	.25***	.36***
Competências Sociais	.40***	.37***	.31***	.21**	.28***
Estilo Estruturado	.13	.21**	.07	.15*	.21**

F1: Perceção de competência pessoal, padrões elevados e tenacidade; F2: Confiança nos instintos, tolerância às emoções negativas e fortalecimento dos efeitos do *stress*; F3: Aceitação positiva da mudança e relações interpessoais seguras; F4: Controlo; e F5: Influências espirituais.

* $p < .05$; ** $p < .01$; *** $p < .001$

A validade divergente da ERA foi avaliada através de correlações com as seguintes escalas: EAGP (auto-eficácia), PSS (perceção de *stress*) e WHOQOL-Bref (qualidade de vida). Como se pode verificar, a correlação entre os fatores da ERA foi positiva com a autoeficácia percecionada e a perceção de qualidade de vida e negativa com a perceção de *stress* (cf. Quadro 5).

Quadro 5.
Validade divergente da ERA

Escalas	Fatores da ERA				
	F1	F2	F3	F4	F5
EAEGP (total)	.64***	.32***	.28***	.28***	.29***
PSS (total)	-.60***	-.28***	-.26***	-.31***	-.25***
WHOQOL-Bref					
Físico	.42***	.40***	.25***	.18**	.19**
Psicológico	.67***	.52***	.35***	.33***	.30***
Relações Sociais	.46***	.39***	.42***	.27***	.30***
Ambiente	.51***	.43***	.30***	.23***	.23**
Faceta Geral	.30***	.37***	.24**	.10	.16*

F1: Competências Pessoais; F2: Coesão Familiar; F3: Recursos Sociais; F4: Competências Sociais; e F5: Estilo Estruturado.

* $p < .05$; ** $p < .01$; *** $p < .001$

Estudos de validade de constructo: Análise fatorial confirmatória

Na segunda amostra foi realizada uma análise fatorial confirmatória (AFC) com o objetivo de testar o modelo unidimensional, o modelo de cinco fatores identificado na AFE e o modelo de seis fatores proposto pelos autores da versão original da ERA. De forma a avaliar a adequabilidade dos modelos aos dados da amostra, é necessária a análise de diversos índices de ajustamento (Byrne, 2010). Tendo em conta os critérios referidos por Marôco (2010), foram considerados os seguintes índices: o χ^2 (o nível de significação associado deverá ser > .05), a razão entre o χ^2 e os graus de liberdade ($\chi^2/g.l.$; cujo valor deverá situar-se entre 2 e 5), o *Comparative Fit Index* (CFI; este valor deverá ser ≥ .90) e o *Root Mean Square Error of Approximation* (RMSEA; este valor deverá ser < .10).

O Quadro 6 apresenta os resultados da AFC. Tendo em consideração os critérios referidos, os valores do modelo unidimensional não corresponderam ao desejável. Os modelos de cinco (resultante da AFE) e seis fatores (estrutura original) apresentaram indicadores de ajustamento satisfatórios, com exceção do valor do χ^2. O facto de o nível de significação deste índice não ser desejável pode decorrer da sua elevada sensibilidade ao tamanho da amostra (Marôco, 2010). Os modelos testados de cinco e seis fatores apresentaram, globalmente, índices de ajustamento satisfatórios, ainda que o valor do RMSEA se tenha situado no limiar dos valores não desejáveis. Face a estes resultados, a opção pela estrutura original na versão Portuguesa da ERA apresenta-se como adequada.

Quadro 6.
Índices de adequação dos modelos testados

Modelo	Índice			
	χ2	χ2/g.l.	CFI	RMSEA (90% IC)
Unidimensional	2289.55 (g.l. = 495)	4.63	.643	.11 (.10-.11)
AFE – 5 fatores	387.94 (g.l. = 94)	4.12	.897	.10 (.09-.11)
Original – 6 fatores	364.94 (g.l. = 89)	4.10	.904	.10 (.09-.11)

AFE – Análise Fatorial Exploratória; CFI – *Comparative Fit Index*; RMSEA – *Root Mean Square Error of Approximation*; IC – Intervalo de Confiança.

Análises adicionais

Considerando a estrutura original da ERA, foi novamente realizado o estudo da consistência interna, bem como analisadas as correlações entre os seis fatores. Assim, no que respeita à consistência interna, foi obtido um alfa de Cronbach de .94 para o total da escala. Relativamente aos seis fatores, obtiveram-se os valores seguintes: .38 (Estilo Estruturado), .72 (Competências Sociais), .75 (Planeamento do Futuro), .78 (Perceção do *Self*), .81 (Coesão Familiar) e .84 (Recursos Sociais).

As correlações entre os fatores variaram entre .49 (Estilo Estruturado e Coesão Familiar) e .82 (Recursos Sociais e Coesão Familiar). As correlações com o total da ERA variaram entre .68 (Estilo Estruturado) e .89 (Recursos Sociais). As correlações positivas e estatisticamente significativas (para $p < .001$) entre os seis fatores e o total da ERA indicaram que estes avaliam o mesmo conceito, o que sustenta a validade de constructo da ERA.

Por fim, no âmbito dos estudos da validade dos grupos conhecidos, realizou-se a comparação dos resultados de resiliência nos três grupos de casais (população geral, diagnóstico de anomalia congénita de um filho, doença psiquiátrica de um dos elementos do casal). Os resultados mostraram a existência de diferenças estatisticamente significativas, Lambda de Wilks = .65, $F(6, 297) = 12.08$, $p < .001$. Concretamente, os participantes do grupo doença psiquiátrica apresentaram valores significativamente mais baixos em todas as características de resiliência, sendo os efeitos mais pronunciados na dimensão Coesão Familiar, $F(2, 301) = 67.71$, $p < .001$. Não se registaram diferenças significativas entre os restantes dois grupos. Também no total da ERA, os participantes do grupo doença psiquiátrica reportaram valores significativamente mais baixos de resiliência, $F(2, 301) = 56.58$, $p < .001$.

3. Aplicação
Como aplicar, cotar e interpretar?

Como indicado no nome, a ERA poderá ser aplicada a indivíduos adultos, quer da população geral (amostras não clínicas) quer em amostras clínicas, não havendo restrição do contexto de aplicação, isto é, pode ser aplicada a doentes (em contexto de doença física e mental), a membros significativos da sua rede pessoal (e.g., parceiros(as), cuidadores), a indivíduos em situação de adversidade económico-social (e.g., desemprego, pobreza) ou em outras situações de risco e adversidade (e.g., acontecimentos traumáticos, divórcio).

A ERA foi desenvolvida como medida de auto-resposta. No entanto, em determinadas situações (e.g., dificuldades físicas ou menor nível de instrução do respondente) em que não é possível optar por esta metodologia, a sua aplicação pode ser assistida pelo entrevistador (leitura das instruções; explicação da forma de preenchimento do questionário e esclarecimento de dúvidas) ou mesmo administrado pelo entrevistador. Nesta última situação, o entrevistador deve ler as instruções, as perguntas, os descritores da escala de resposta (os dois pólos extremos de resposta) e assinalar no questionário a resposta dada pelo inquirido, tendo o cuidado de não alterar a formulação original dos itens. Quando aplicado como medida de auto-resposta, pode ser feita aplicação individual ou coletiva e o tempo do seu preenchimento é, geralmente, de cerca de 10 minutos.

A cotação da ERA pode ser feita manualmente ou mediante recurso a uma sintaxe para o programa *Statistical Package for the Social Sciences* (IBM SPSS) que é sempre disponibilizada pelos autores da versão Portuguesa na altura do pedido de utilização. Cada pergunta é cotada de 1 a 7, no entanto, 17 dos 33 itens devem ser invertidos antes do seu uso nos cálculos finais, para que as pontuações mais elevadas correspondam a maiores níveis de resiliência. No Quadro 7 encontram-se listados os fatores e respectivos itens, com indicação dos itens a inverter.

O cálculo dos fatores que compõem a ERA, para uma análise de informação mais específica, pode ser feito de duas formas distintas: ou calculando a média dos resultados dos fatores (e total) ou através do somatório total de todos os indicadores. A primeira modalidade realiza-se somando os resultados nos itens de cada fator e dividindo esse valor pelo número total de itens. Por exemplo, para a Coesão Familiar (CF) são somados os seis itens do fator (após inversão) e divide-se o total por seis [CF = (ERA_04 + ERA_10 + ERA_16 + ERA_22 + ERA_27 + ERA_31) / 6].

Caso se opte pelos resultados totais, o procedimento consiste basicamente em somar os resultados nos itens de cada fator, após inversão dos respetivos itens. Por exemplo, para o fator Planeamento do Futuro (PF) são somados os quatro itens do fator (após inversão) [PF = ERA_02 + ERA_08 + ERA_14 + ERA_20]. Neste procedimento, o resultado total da ERA deverá variar entre 33 e 231.

Quadro 7.
Fatores e itens da ERA

Fatores	Itens
Perceção do *Self* (PS)	1, 7i, 13, 19i, 25, 29i
Planeamento do Futuro (PF)	2, 8i, 14i, 20
Competências Sociais (CS)	3i, 9, 15i, 21, 26i, 30
Estilo Estruturado (EE)	6i, 12, 18i, 24
Coesão Familiar (CF)	4, 10i, 16, 22i, 27, 31i
Recursos Sociais (RS)	5, 11i, 17, 23i, 28i, 32, 33i

Nota: Os itens invertidos foram assinalados com a letra i.

De forma geral, a interpretação dos resultados da ERA é feita de forma linear a partir dos resultados obtidos nos diferentes fatores. Um resultado mais elevado corresponde a melhores níveis de resiliência.

Dada a natureza multidimensional do conceito de resiliência que se encontra subjacente a este instrumento, os resultados podem ser analisados em função das pontuações obtidas nos seis fatores da ERA, mas também a partir da pontuação total da escala. Num contexto clínico, é possível uma leitura mais qualitativa dos resultados. Este procedimento pode ser particularmente adequado para identificação dos potenciais *recursos protetores* dos indivíduos que requerem maior atenção clínica e, especificamente, as competências e recursos que podem ser desenvolvidos.

4. Vantagens, limitações e estudos futuros

O presente capítulo teve como principal objetivo contribuir para a validação da versão em Português Europeu da Escala de Resiliência para Adultos. Em termos globais, a ERA revelou níveis satisfatórios de fidedignidade, tanto ao nível da consistência interna, como da estabilidade temporal. A AFC permitiu confirmar a estrutura original de seis fatores da ERA. Os resultados dos estudos de validade são também adequados, o que atesta a sua utilização em Portugal.

Os fatores da ERA apresentaram, em termos globais, valores aceitáveis de consistência interna, satisfazendo os critérios propostos por Pasquali (2003), segundo os quais é aceitável um valor de alfa superior a .70. De assinalar, porém, a baixa consistência interna do fator Estilo Estruturado. Por um lado, trata-se de um fator composto por um menor número de itens (4), o que pode contribuir para essa baixa consistência interna. Adicionalmente, poderá ter a ver com o tipo de escala de resposta utilizada, dado que tem sido assinalado que uma consequência de transformar a escala de resposta num formato de diferencial semântico é a redução da consistência interna (Friborg, Martinussen, & Rosenvinge, 2006). Por outro lado, é um fator que tem apresentado também baixa consistência interna em diversos estudos com a ERA (Friborg et al., 2003, 2005; Hjemdal, Friborg, Stiles, Rosenvinge, & Martinussen, 2006; Hjemdal et al., 2009, 2011). Tal como sugerido no estudo de validação belga (Hjemdal et al., 2011), a utilização deste fator deve ser feita com cuidado ou, em alternativa, a remoção completa deste fator (e, deste modo, reduzindo a escala de 33 para 29 itens) poderá ser uma proposta útil para melhorar o desempenho psicométrico desta escala. Estudos futuros serão necessários para identificar a melhor solução.

No que diz respeito à validade de constructo, adicionalmente à confirmação do modelo original de seis fatores, o padrão de correlações entre os fatores é coincidente com o objetivo dos autores originais, que sugere que estas dimensões avaliam diferentes aspetos positivos do conceito de resiliência (Friborg et al., 2003) e é consistente com outras versões da ERA (Hjemdal et al., 2011; Jowkar et al., 2010). Os estudos de associação dos fatores da ERA com as dimensões de resiliência avaliadas pela CD-RISC atestam a validade convergente da ERA. Os estudos de validade de grupos conhecidos, ao indicar a existência de diferenças significativas entre os participantes com doença psiquiátrica de um dos membros do casal, comparativamente aos casais da população geral e pais de crianças com diagnóstico de anomalia congénita, certificam o potencial discriminativo da ERA e corroboram a literatura que sugere que as pessoas com problemas psiquiátricos reportam menos fatores protetores nos seus contextos que aliviem o *stress* e previnam a inadaptação (Friborg et al., 2003).

Em acréscimo, as correlações com outros instrumentos, designadamente de perceção de auto-eficácia e da qualidade de vida contribuem também para certificar a relevância das características de resiliência no âmbito dos constructos positivos. Com efeito, considera-se que a ERA avalia um conceito importante, a resiliência, além de integrar os aspetos sociais e familiares, indicadores que são centrais neste conceito e não são contemplados em outras medidas de avaliação da resiliência (e.g., CD-RISC; *Resilience Scale*). Este constructo, enquadrando-se na linha de avaliação das dimensões positivas do funcionamento humano, contribui para a inversão da tendência para avaliar a adaptação e funcionamento humanos pelos seus resultados negativos.

Face ao exposto, os dados relativos à precisão e validade da versão da ERA aqui descrita asseguram o seu bom desempenho psicométrico, tornando-se uma medida multidimensional adequada para avaliação dos fatores de resiliência, cuja aplicação poderá ser estendida a diferentes contextos, quer clínicos quer de investigação. Nesta linha, avaliar os fatores de resiliência (que se podem entender como fatores protetores) a diferentes níveis, quer intrapessoais (competências pessoais/sociais) quer interpessoais (recursos familiares/sociais) pode ser útil para melhor conhecer como os diferentes níveis dos fatores protetores interagem com os fatores de *stress* e o risco.

As características de resiliência têm sido vistas como sendo mais estáveis ao longo do tempo do que, por exemplo, a sintomatologia psicopatológica (Friborg et al., 2003). Por este motivo, a avaliação das dimensões de resiliência pode ter um importante valor prognóstico dos resultados de intervenções terapêuticas, bem como possibilitar uma melhor previsão de recaídas e das competências dos doentes para lidar com dificuldades atuais ou futuras. Em contextos clínicos, pode também ser muito útil para identificar os recursos e potenciais fatores de proteção que podem ser direcionados para melhorar as competências existentes, promover trajetórias de ajustamento saudável e fomentar a adaptação resiliente, i.e., prevenindo a inadaptação e/ou perturbação. Em síntese, usar a resiliência como guia de literatura pode ser importante para orientar estratégias de avaliação e planeamento de intervenções, porque ao ter em conta os aspetos do contexto ecológico do indivíduo pode permitir aos profissionais identificar melhor os fatores e sistemas, tanto formais como informais, que podem ser incorporados no processo de intervenção (Tedeschi & Kilmer, 2005).

Este estudo não está isento de limitações. Em primeiro lugar, as impostas pela amostragem por conveniência devem ser consideradas na generalização dos resultados. Algumas características da amostra de validação não possibilitam um grau de representatividade que permita a extrapolação das conclusões para a população (e.g., a idade média de 35.20 anos é inferior à média da população adulta portuguesa; as habilitações literárias médias da amostra são superiores às da população portuguesa, nomeadamente pelo facto de uma parte da amostra ter sido recolhida junto de estudantes universitários). Também as características da segunda amostra devem ser tidas em conta, principalmente porque composta por casais, em situação de emprego e predominantemente a viver em meio urbano, o que poderá também ter condicionado a representatividade da amostra. Apesar de no presente estudo termos usado participantes em diferentes contextos de risco ou adversidade, o tamanho da amostra não permitiu realizar uma AFC multi-grupos, de forma a testar se a solução fatorial da ERA é replicada em populações normativas e de risco. O desenho transversal deste estudo pode ser considerado uma limitação, porém, tendo em conta que o padrão de associações está em linha com aplicações anteriores da ERA, podemos ter alguma confiança nos resultados obtidos.

Tendo em consideração que os estudos existentes com a ERA têm sido realizados fundamentalmente em populações normativas, estudos em populações mais diversas, e particularmente em diferentes contextos de risco ou adversidade serão desejáveis, sobretudo para avaliar se estes fatores protetores são transversais a diferentes contextos. Nestes, será particularmente relevante realizar estudos de desenho longitudinal, que considerem a resiliência como um processo dinâmico e não apenas como um conjunto de indicadores de competências e adaptação. Para que estes estudos possam ser efetivos, será importante, do ponto de vista da avaliação, continuar a investir em estudos que possam confirmar a robustez psicométrica das medidas existentes, nomeadamente a ERA.

5. Bibliografia

Ahern, N. R., Kiehl, E. M., Sole, M. L., & Byers, J. (2006). A review of instruments measuring resilience. *Issues in Comprehensive Pediatric Nursing, 29,* 103-125 doi:10.1080/01460860600677643

Albuquerque, S., Pereira, M., Fonseca, A., & Canavarro, M. C. (2012). Impacto familiar e ajustamento de pais de crianças com diagnóstico de anomalia congénita: Influência dos determinantes da criança. *Revista de Psiquiatria Clínica, 39,* 136-141. doi:10.1590/S0101-60832012000400004

Alves, S., Pereira, M., Janeiro, C., Narciso, I., & Canavarro, M. C. (2014). O papel do ajustamento diádico na sintomatologia psicopatológica e qualidade de vida de doentes com perturbação psiquiátrica e dos parceiros saudáveis. *Análise Psicológica, 32*(3), 323-339. doi:10.14417/ap.830

Becvar, D. (2007). *Families that flourish: Facilitating resilience in clinical practice.* New York, NY: W. W. Norton & Company, Inc.

Bock, J., & Kremen, A. M. (1996). IQ and ego-resiliency: Conceptual and empirical connections and separateness. *Journal of Personality and Social Psychology, 70,* 349-361. doi:10.1037/0022-3514.70.2.349

Bonanno, G. A. (2004). Loss, trauma and human resilience: Have we underestimated the human capacity to thrive after extremely aversive events? *American Psychologist, 59*, 20-28. doi:10.1037/0003-066X.59.1.20

Byrne, B. (2010). *Structural equation modeling with AMOS: Basic concepts, applications, and programming* (2nd ed.). New York: Routledge.

Campbell-Sills, L., & Stein M. B. (2007). Psychometric analysis and refinement of the Connor-Davidson Resilience Scale (CD-RISC): Validation of a 10-item measure of resilience. *Journal of Traumatic Stress, 20*, 1019-1028. doi:10.1002/jts.20271

Cicchetti, D., & Garmezy, N. (1993). Prospects and promises in the study of resilience. *Development and Psychopathology, 5*, 497-502. doi:10.1017/S0954579400006118

Cohen, S., Kamarck, T., & Mermelstein, R. (1983). A global measure of perceived stress. *Journal of Health and Social Behavior, 24*, 385-396. doi:10.2307/2136404

Connor, K. M., & Davidson, J. T. (2003). Development of a new resilience scale: The Connor-Davidson Resilience Scale (CD-RISC). *Depression and Anxiety, 18*, 76-82. doi:10.1002/da.10113

Curtis, W. J., & Cicchetti, D. (2007). Emotion and resilience: A multilevel investigation of hemispheric electroencephalogram asymmetry and emotion regulation in maltreated and nonmaltreated children. *Development and Psychopathology, 19*, 811-840. doi:10.1017/S0954579407000405

Davydov, D., Stewart, R., Ritchie, K., & Chaudieu, I. (2010). Resilience and mental health. *Clinical Psychology Review, 30*, 479-495. doi:10.1016/j.cpr.2010.03.003

Friborg, O., Barlaug, D., Martinussen, M., Rosenvinge, J., & Hjemdal, O. (2005). Resilience in relation to personality and intelligence. *International Journal of Methods in Psychiatric Research, 14*, 29-42. doi:10.1002/mpr.15

Friborg, O., Hjemdal, O., Rosenvinge, J., & Martinussen, M. (2003). A new rating scale for adult resilience: What are the central protective resources behind healthy adjustment? *International Journal of Methods in Psychiatric Research, 12*, 65-76. doi:10.1002/mpr.143

Friborg, O., Hjemdal, O., Rosenvinge, J. H., Martinussen, M., Aslaksen, P. M., & Flaten, M. A. (2006). Resilience as a moderator of pain and stress. *Journal of Psychosomatic Research, 61*, 213-219. doi:10.1016/j.jpsychores.2005.12.007

Friborg, O., Martinussen, M., & Rosenvinge, J. H. (2006). Likert-based versus semantic differential-based scorings of positive psychological constructs: A psychometric comparison of two versions of a scale measuring resilience. *Personality and Individual Differences, 40*, 873-884. doi:10.1016/j.paid.2005.08.015

Gurgel, L. G., Plentz, R. D. M., Joly, M. C., & Reppold, C. T. (2013). Avaliação da resiliência em adultos e idosos: Revisão de instrumentos. *Estudos de Psicologia (Campinas), 30*, 487-496. doi:10.1590/S0103-166X2013000400002

Hawking, S. W. (1988). *A brief history of time: From the Big Bang to Black Holes*. New York: Bantam.

Hjemdal, O., Friborg, O., Braun, S., Kempenaers, C., Linkowski, P., & Fossion, P. (2011). The resilience scale for adults: Construct validity and measurement in a Belgian sample. *International Journal of Testing, 11*, 53-70. doi:10.1080/15305058.2010.508570

Hjemdal, O., Friborg, O., Martinussen, M., & Rosenvinge, J.H. (2001). Preliminary results from the development and validation of a Norwegian scale for measuring adult resilience. *Journal of the Norwegian Psychology Association, 38*, 310-317.

Hjemdal, O., Friborg, O., Stiles, T. C., Martinussen, M., & Rosenvinge, J. H. (2006). A new rating scale for adolescent resilience: Grasping the central protective resources behind healthy development. *Measurement and Evaluation in Counseling and Development, 39*, 84-96.

Hjemdal, O., Friborg, O., Stiles, T. C., Rosenvinge, J. H., & Martinussen, M. (2006). Resilience predicting psychiatric symptoms: A prospective study of protective factors and their role in adjustment to stressful life events. *Clinical Psychology and Psychotherapy, 13*, 194-201. doi:10.1002/cpp.488

Hjemdal, O., Roazzi, A., Dias, M. G., Roazzi, M., & Vikan, A. (2009). Exploring the psychometric properties of the resilience scale for adults in a Brazilian sample. In D. Elizur, & E. Yaniv (Orgs.), *Facet new horizons in theory construction and data analysis* (pp. 120-138). Jerusalem: FTA.

Hoge, E. A., Austin, E. D., & Pollack, M. H. (2007). Resilience: Research evidence and conceptual considerations for posttraumatic stress disorder. *Depression and Anxiety, 24*, 139-152. doi:10.1002/da.20175

Jowkar, B., Friborg, O., & Hjemdal, O. (2010). Cross-cultural validation of the Resilience Scale for Adults (RSA) in Iran. *Scandinavian Journal of Psychology, 51*, 418-425. doi:10.1111/j.1467-9450.2009.00794.x

Luthar, S., Cicchetti, D., & Becker, B. (2000). The construct of resilience: A critical evaluation and guidelines for future work. *Child Development, 71*, 543-562. doi:10.1111/1467-8624.00164

Marôco, J. (2010). *Análise de equações estruturais: Fundamentos teóricos, software & aplicações*. Pêro Pinheiro: ReportNumber.

Masten, A. S. (2007). Resilience in developing systems: Progress and promise as the fourth wave rises. *Development and Psychopathology, 19*, 921-930. doi:10.1017/S0954579407000442

Masten, A. S., & Coatsworth, J. D. (1998). The development of competence in favorable and unfavorable environments: Lessons from successful children. *American Psychologist, 53*, 205-220. doi:10.1037/0003-066X.53.2.205

Mota-Cardoso, R., Araújo, A., Ramos, R. C., Gonçalves, G., & Ramos, M. (2002). *O stress dos professores portugueses: Estudo IPSSO 2000*. Porto: Porto Editora.

Oshio, A., Kaneko, H., Nagamine, S., & Nakaya, M. (2003). Construct validity of the Adolescent Resilience Scale. *Psychological Reports, 93*, 1217-1222. doi:10.2466/pr0.2003.93.3f.1217

Pasquali, L. (2003). *Psicometria – Teoria dos testes na psicologia e educação*. Petróplois: Editora Vozes.

Pereira, M., Cardoso, M., Alves, S., Narciso, I., & Canavarro, M. C. (2013). Estudos preliminares das características psicométricas da Escala de Resiliência para Adultos (ERA). In A. Pereira, M. Calheiros, P. Vagos, I. Direito, S. Monteiro, C. F. Silva, & A. Allen Gomes (Eds.), *Livro de atas do VIII Simpósio Nacional de Investigação em Psicologia* (pp. 93-103). Aveiro: Associação Portuguesa de Psicologia.

Prince-Embury, S. (2008). The Resiliency Scales for Children and Adolescents, psychological symptoms and clinical status in adolescents. *Canadian Journal of School Psychology. 23*, 41-56. doi:10.1177/0829573508316592

Reppold, C. T., Mayer, J. C, Almeida, L. S., & Hutz, C. S. (2012). Avaliação da resiliência: Controvérsia em torno do uso das escalas. *Psicologia: Reflexão e Crítica, 25*, 248-255. doi:10.1590/S0102-79722012000200006

Rutter, M. (1990). Psychological resilience and protective mechanisms. In J. Rolf, A. S. Masten, D. Cicchetti, K. Nuecherterlein, & S. Weintraub (Eds.), *Risk and protective factors in the developmental psychopathology* (pp. 181-214). Cambridge: Cambridge University Press.

Schaap, I. A., Galen, F. M., Ruijter, A. M., & Smeets, E. C. (2009). *Resilience, the article: The balance between awareness and fear*. Retirado de www.impact-kenniscentrum.nl/download/file1163776605.pdf

Schwarzer, R., & Jerusalem, M. (1995). Generalized Self-Efficacy Scale. In J. Weinman, S. Wright, & M. Johnston (Eds.), *Measures in health psychology: A user's portfolio* (pp. 35-37). Windsor: NFER-NELSON.

Sinclair, V. G., & Wallston, K. A. (2004). The development and psychometric evaluation of the Brief Resilient Coping Scale. *Assessment, 11*, 94-101. doi:10.1177/1073191103258144

Smith, B. W., Dalen, J., Wiggins, K., Tooley, E., Christopher, P., & Bernard, J. (2008). The brief resilience scale: Assessing the ability to bounce back. *International Journal of Behavioural Medicine, 15*, 194-200. doi:10.1080/10705500802222972

Smith-Osborne, A., & Bolton, K. W. (2013). Assessing resilience: A review of measures across the life course. *Journal of Evidence-Based Social Work, 10*, 111-126. doi:10.1080/15433714.2011.597305

Tedeschi, R. G., & Kilmer, R. P. (2005). Assessing strengths, resilience, and growth to guide clinical interventions. *Professional Psychology: Research and Practice, 36*, 230-237. doi:10.1037/0735-7028.36.3.230

Vaishnavi, S., Connor, K., & Davidson, J. T. (2007). An abbreviated version of the Connor-Davidson Resilience Scale (CD-RISC), the CD-RISC2: Psychometric properties and applications in psychopharmacological trials. *Psychiatry Research, 152*, 293-297. doi:10.1016/j.psychres.2007.01.006

Vaz Serra, A., Canavarro, M. C., Simões, M., Pereira, M., Gameiro, S., Quartilho, M. J., ... Paredes, T. (2006). Estudos psicométricos do instrumento de avaliação da qualidade de vida da Organização Mundial de Saúde (WHOQOL-Bref) para Português de Portugal. *Psiquiatria Clínica, 27*, 41-49.

Wagnild, G. M. & Young, H. M. (1993). Development and psychometric evaluation of the Resilience Scale. *Journal of Nursing Measurement, 1*, 165-178.

Walsh, F. (2003). Family resilience: Framework for clinical practice. *Family Process, 42*, 1-18. doi:10.1111/j.1545-5300.2003.00001.x

Windle, G., Bennett, K. M., & Noyes, J. (2011). A methodological review of resilience measurement scales. *Health and Quality of Life Outcomes, 9*:8. Retirado de http://www.hqlo.com/content/9/1/8

WHOQOL Group (1998). Development of World Health Organization WHOQOL-BREF quality of life assessment. *Psychological Medicine, 28*, 551-558. doi:10.1017/S0033291798006667

FAMILY HARDINESS INDEX
(FHI)

Ana Isabel Cunha
Sofia Major
Ana Paula Relvas

"Family hardiness (...) focuses upon the family's patterned approach to life's hardships and its typical pattern of appraising the impact of life events and changes on family functioning."

(McCubbin et al., 2001, p. 275)

Resumo

O *Family Hardiness Index* (FHI; McCubbin et al., 1986) é um instrumento composto por 20 itens destinados a avaliar as forças internas da unidade familiar, face a situações de *stress* ou adversidade. Este capítulo apresenta os estudos de adaptação e validação da versão portuguesa do FHI numa amostra de 144 pais e mães de crianças com diferentes doenças crónicas. Os estudos de análise fatorial exploratória demonstraram uma solução de três fatores, não totalmente equivalente à versão original. Quanto aos estudos de evidência de precisão, a consistência interna da escala global revelou-se adequada (α = .76) e obteve-se um coeficiente de acordo entre informadores de .58 para o resultado total do FHI. Ao comparar o resultado total do FHI em

DOI: https://doi.org/10.14195/978-989-26-1268-3_3

pais de crianças com diagnóstico de asma e de diabetes não se obtiveram diferenças estatisticamente significativas. São discutidas as características da versão portuguesa do FHI.

Palavras-chave: resistência familiar, doença crónica pediátrica, análise fatorial, FHI.

Abstract

The *Family Hardiness Index* (FHI; McCubbin et al., 1986) is a 20-item instrument designed to assess the internal strengths of the family unit when facing stressful situations. This chapter presents the adaptation and validation studies of the Portuguese version of FHI in a sample of 144 parents of children with different chronic illnesses. Exploratory factor analysis demonstrated a three-factor solution, not totally equivalent to the original version. The overall internal reliability for FHI was adequate (α = .76) and a coefficient of .58 was obtained for the informant agreement. While comparing the total score of the FHI for parents of children diagnosed with asthma and diabetes no statistical significant differences were found. The characteristics of the Portuguese version of FHI are discussed.

Keywords: family hardiness, childhood chronic illness, factor analysis, FHI.

1. Instrumento
O que é, o que avalia e a quem se aplica?

No Quadro 1 encontra-se a ficha técnica relativa ao *Family Hardiness Index* (FHI; McCubbin, McCubbin, & Thompson, 1986).

Quadro 1.
Ficha técnica do FHI

O que é?	A versão portuguesa do FHI – *Family Hardiness Index,* escala publicada originalmente, em 1986, por Marilyn McCubbin, Hamilton McCubbin e Anne Thompson

O que avalia?

O FHI é um instrumento que avalia a resistência familiar, ou seja, as forças internas e durabilidade da unidade familiar. Contém 20 itens que se distribuem por três subescalas: Compromisso, Desafio e Controlo

Estrutura do FHI (versão original)		
Subescala	Número Itens	Descrição
Compromisso	8	Perceção de forças internas na família, confiança e capacidade para trabalhar em conjunto
Desafio	6	Esforços da família para ser inovadora, ativa, experimentar coisas novas e aprender
Controlo	6	Perceção de controlo na vida familiar e não ser moldado por acontecimentos e circunstâncias exteriores

A quem se aplica?	Membros da família adultos (pais ou outros familiares), a experienciar acontecimentos de *stress* ou situações de adversidade
Como ter acesso?	O acesso à versão portuguesa do FHI pode ser efetuado através da página http://www.fpce.uc.pt/avaliaçaofamiliar que contém todos os instrumentos de avaliação apresentados neste livro. Os utilizadores deverão facultar os contactos pessoais e institucionais, bem como dados acerca do propósito da utilização do instrumento (e.g., investigação, prática clínica) e concordar com as condições de utilização e de partilha dos resultados com os autores da versão portuguesa

Fundamentação e história

O conhecimento sobre a adaptação bem-sucedida a circunstâncias de vida adversas tem sido foco de interesse de diversos investigadores, nomeadamente no âmbito do estudo da resiliência. A resiliência pode ser definida como a "capacidade de retornar da adversidade mais fortalecido e com mais recursos, constituindo um processo ativo de resistência, auto--reparação e crescimento em resposta a crises e desafios" (Walsh, 1998, p. 4).

A consideração da resiliência na literatura sobre família é relativamente recente. O Modelo de Resiliência Familiar - *Resiliency Model of Family Adjustment and Adaptation* (McCubbin & McCubbin, 1996), ao dar ênfase aos fatores envolvidos na recuperação de famílias em situações de crise, foi fundamental para a compreensão do processo de adaptação e resiliência a um nível familiar. Dentro desses fatores, encontram-se os recursos familiares, ou seja, forças e capacidades que as famílias podem utilizar ou desenvolver para fazer face às exigências em situações de adversidade. O conceito de *"family hardiness"*, que traduziremos por "resistência familiar", surge, neste modelo, como um dos recursos de adaptação das famílias, podendo funcionar como um fator de atenuação dos efeitos do *stress* e das exigências e um estabilizador em contexto de mudança, facilitando o ajustamento e adaptação da família ao longo do tempo (McCubbin, Thompson, & McCubbin, 2001).

Com o objetivo de avaliar esta característica nas famílias, Marilyn McCubbin e colaboradores (1986) criaram o *Family Hardiness Index* (FHI). A construção deste instrumento foi orientada pelo conceito de resistência individual, proposto inicialmente por Kobasa (1979) para descrever a estrutura de personalidade de pessoas que, apesar de experienciarem altos níveis de *stress*, conseguem manter um funcionamento saudável. Estas pessoas são consideradas como tendo três características interligadas: a) controlo (i.e., a crença de que podem controlar ou influenciar os acontecimentos da sua experiência); b) compromisso (ou seja, uma capacidade para se envolverem profundamente ou se comprometerem com as atividades das suas vidas); e c) desafio (i.e., a antecipação da mudança como algo que pode ser positivo, que pode trazer desafio e promover o desenvolvimento) (Kobasa, 1979). Kaplan (1999) realça que estas características podem moderar as consequências adversas das experiências de *stress*, ao permitir que os indivíduos as reinterpretem de forma a reduzir o efeito do *stress* e ao aumentar a probabilidade de enveredarem por estratégias de *coping* adaptativas.

Assim, transpondo o conceito de resistência individual para a unidade familiar, a resistência familiar refere-se às forças internas e durabilidade da unidade familiar e pode ser caracterizada por uma sensação de controlo sobre os acontecimentos e dificuldades, por uma visão da mudança como algo benéfico e que leva a um crescimento, e por uma orientação ativa (e não passiva) para lidar com as situações de *stress* (McCubbin et al.,2001). Neste sentido, os itens do FHI foram construídos atendendo aos três componentes do conceito de resistência (compromisso, desafio e controlo), procurando refletir uma orientação dirigida a *"nós"* (e não ao *"eu"*) (McCubbin et al.,1986).

As primeiras pesquisas sobre resistência familiar, efetuadas pelos autores deste instrumento, incluíam quatro componentes interligados: 1) compromisso coorientado da família, ou o seu trabalho conjunto no sentido de lidar com as dificuldades; 2) confiança na capacidade da família para lidar com os problemas; 3) ênfase no encarar as dificuldades como desafios e a procura de novas experiências; e 4) a sensação de controlo interno e de não ser vítima das circunstâncias. Estudos posteriores revelaram que os três componentes originais aplicados à resistência individual permitiam adequadamente explicar o conceito de resistência familiar, sendo inclusivamente mais fortes em termos psicométricos do que a abordagem dos quatro componentes (McCubbin et al.,1986). No entanto, de acordo com os autores, as duas abordagens possuem forte consistência e validade, pelo que ambas podem ser utilizadas, dependendo dos objetivos do investigador.

Assim, o FHI é um instrumento composto por 20 itens que, tal como referido anteriormente, se podem organizar em três ou quatro fatores. Na versão de quatro fatores, a subescala Compromisso Coorientado é composta por oito itens que avaliam o sentido familiar de forças internas, confiança e capacidade para trabalhar em conjunto; a subescala Confiança inclui quatro itens que se focalizam na perceção de capacidade da família para planear, sentir-se apreciada pelos seus esforços, suportar as dificuldades e viver a vida com interesse e significado; a subescala Desafio é formada por cinco itens que medem os esforços dos membros da família para serem inovadores, ativos, experimentarem coisas novas e aprender; e a subescala Controlo remete para os restantes três itens centrados na sensação de controlo sobre a vida familiar, sem ser moldado pelas circunstâncias exteriores. A versão de três fatores confere uma organização distinta para alguns itens: a subescala Compromisso é formada por oito itens que medem a perceção de forças internas, confiança e capacidade para trabalhar em conjunto (e.g., item 5 "Sentimos que somos fortes, mesmo quando enfrentamos grandes problemas"); a subescala Desafio contém seis itens que avaliam os esforços da família para ser inovadora, ativa, experimentar coisas novas e aprender (e.g., item 15 "Encorajamo-nos uns aos outros a tentar coisas novas e a ter novas experiências"); e a subescala Controlo inclui seis itens centrados na sensação de controlo sobre a vida familiar, sem ser moldado pelos acontecimentos exteriores (e.g., item 19 "A maior parte das coisas infelizes que nos acontecem deve-se à má sorte") (McCubbin et al.,1986). Em ambas as versões, os itens são cotados numa escala de *Likert* com quatro níveis de resposta (0 = "Falso"; 1 = "Falso na maioria das vezes"; 2 = "Verdadeiro na maioria das vezes"; 3 = "Verdadeiro"). Encontra-se disponível uma versão do instrumento em inglês e outra em espanhol.

A consistência interna dos itens do FHI foi avaliada com recurso ao coeficiente alfa de Cronbach, revelando um valor de .82 para a escala total. No que diz respeito às suas subescalas, os autores apenas disponibilizam dados respeitantes à versão de três fatores, com valores de .81 para a subescala Compromisso, de .80 para a subescala Desafio e de .65 para a subescala Controlo. Os autores referem a realização de estudos de evidência de validade do instrumento, nomeadamente uma investigação liderada por H. McCubbin, em 1988, com 304 famílias ligadas a uma companhia de seguros, que inclui a análise da associação entre a resistência e outras medidas de forças familiares: flexibilidade familiar, tempo e rotinas familiares e qualidade da vida familiar. Foram encontradas correlações estatisticamente significativas (p <.05) entre o resultado total do FHI e medidas de flexibilidade familiar (r = .22), tempo e rotinas familiares (r = .23), satisfação familiar (r = .20), satisfação conjugal (r = .11) e satisfação com a comunidade (r = .15) (cf. McCubbin et al., 2001). Embora não existam dados normativos para o instrumento, os autores disponibilizam dados referentes a diversos estudos conduzidos pela equipa de investigação, nomeadamente com empregados de uma companhia de seguros, mães e pais de crianças com doença cardíaca, mães e pais de crianças com diabetes, famílias de agricultores, entre outros (cf. McCubbin et al., 2001).

O FHI tem sido utilizado no contexto de diversos tipos de aconteci-mentos de *stress* ou situações de adversidade, nomeadamente em estudos com filhos adultos de desaparecidos de guerra (Campbell & Demi, 2000), famílias pós divórcio (Greef & Van Der Merwe, 2004), familiares de vítimas de acidentes graves (Leske & Jiricka, 1998) ou famílias de acolhimento (Hendrix & Ford, 2003). Destaca-se ainda um conjunto de investigações no âmbito da doença crónica pediátrica (ou condições de saúde crónicas), nomeadamente com pais de crianças com doenças genéticas (Knafl, Knafl, Gallo, & Angst, 2007), com problemas de desenvolvimento (Failla & Jones, 1991; Judge, 1998), com asma (Svavarsdottir & Rayens, 2003) ou diferentes doenças crónicas (Woodson, Thakkar, Burbage, Kichler, & Nabors, 2015). De notar que estes estudos mantiveram a estrutura fatorial original proposta pelos autores, alguns utilizando a versão de três fatores e outros recorrendo à versão de quatro fatores.

2. Estudos em Portugal
Como foi desenvolvido/adaptado e validado?

Estudos de tradução e adaptação

O processo de tradução e adaptação do FHI, para contexto português, decorreu entre os anos de 2008 e 2013[2]. Após solicitada autorização aos autores, o FHI foi traduzido para língua portuguesa. O processo iniciou--se com a tradução de cada um dos itens, seguida de uma retroversão independente para língua inglesa, por um professor com formação em filologia germânica. Ambas as versões foram comparadas, realizando-se alguns acertos no sentido de chegar a uma versão consensual, consolidando a versão final da tradução do instrumento (FHI; Tradução portuguesa: Cunha & Relvas, 2008). Com o objetivo de averiguar a compreensibilidade dos itens e eventuais dificuldades no preenchimento da escala,

---

[2] Projeto desenvolvido no âmbito de uma investigação de Doutoramento em Psicologia Clínica (Cunha, 2011), na Universidade de Coimbra, e financiado pela Fundação para a Ciência e Tecnologia (SFRH/BD/38022/2007).

foi realizado um estudo preliminar junto de algumas mães de crianças com doenças crónicas.

Terminada a sua tradução, o FHI foi administrado a um conjunto de pais e mães de crianças com diferentes doenças crónicas. Os dados foram recolhidos em dois hospitais públicos e em centros de saúde da região centro. O projeto de investigação foi analisado pelas Comissões de Ética e autorizado pelos respetivos Conselhos de Administração e pelo Conselho Diretivo da Administração Regional de Saúde do Centro. A inclusão dos participantes cingiu-se a pais de crianças com diagnóstico médico de asma, diabetes *mellitus* tipo I ou artrite idiopática juvenil, atendendo às condições concedidas pelas instituições para acesso a uma amostra de estudo. Antes de se proceder à recolha de dados, os participantes foram informados sobre os objetivos e metodologia do estudo, tendo sido garantido o caráter voluntário da participação, o anonimato e confidencialidade das respostas e o consentimento informado para integrar o estudo.

O processo de recolha de dados inseriu-se no âmbito de um estudo mais alargado sobre adaptação familiar à doença crónica pediátrica (Cunha, 2011) e decorreu em duas fases. Numa primeira fase, o FHI integrou um protocolo composto por diferentes questionários familiares e um questionário de dados sociodemográficos, familiares e sobre a doença, que foram administrados a 88 pais e mães de crianças com doenças crónicas, seguidas em contexto hospitalar. O critério de seleção dos participantes consistiu em ser pai ou mãe de uma criança com diagnóstico de doença crónica. Os pais foram convidados a participar no estudo no dia da consulta médica dos filhos e a maioria preencheu o protocolo no próprio hospital, numa sala reservada para o efeito (antes ou depois da consulta médica da criança). Nos casos em que ambos os pais acompanhavam a criança, foi pedida a participação dos dois membros do casal, que preencheram o protocolo separadamente.

Num segundo momento, a amostra foi alargada a mais 56 pais e mães de crianças com as mesmas doenças crónicas, seguidas nas mesmas instituições hospitalares e também em centros de saúde da região centro. Os critérios de seleção dos participantes incluíam:

a) estarem presentes as duas figuras parentais na entrevista; b) idade atual da criança[3] ≥ 2 anos e ≤ 12 anos; e c) condição diagnosticada no mínimo há um ano e no máximo há seis anos. Este segundo grupo de pais foi igualmente convidado a participar numa entrevista familiar sobre a experiência de viver com uma criança com uma doença crónica (Cunha, 2011). Os questionários familiares, incluindo o FHI, foram preenchidos por ambos os pais, separadamente, após a realização da entrevista familiar. A grande maioria das entrevistas (e preenchimento do protocolo) foi realizada fora das instituições de saúde (e.g., casa das famílias).

Assim, a amostra do estudo inclui 144 pais e mães de crianças com diabetes *mellitus* tipo I (*n* = 69), asma (*n* = 61) e artrite idiopática juvenil (*n* = 14). A idade das mães (*n* = 93) varia entre os 22 e os 53 anos e é em média de 36.96 anos (*DP* = 5.27). Os pais (*n* = 51) têm idades compreendidas entre os 30 e os 54 anos e em média de 38.86 anos (*DP* = 5.30). Observou-se que a frequência ou conclusão do ensino secundário é o nível de escolaridade mais representado (31.3%) no grupo de mães, seguido da frequência ou conclusão do ensino pós-secundário ou superior (27%). No grupo de pais, verificou-se uma maior representação da frequência ou conclusão do ensino secundário (37.3%), seguida da frequência ou conclusão do 3º ciclo do ensino básico (33.3%). Em relação à categoria profissional (INE, 2010)[4] das mães, observou-se uma maior frequência de profissões de nível 2 (22.8%) e nível 5 (16.1%), registando-se ainda que 10.8% das mães se encontravam desempregadas e que 12.9% referiram como ocupação ser "doméstica". No caso dos pais, os níveis 8 (23.5%), 5 (21.6%)

---

[3] O processo de recolha de dados referentes ao FHI foi comum ao CHIP (*Coping Health Inventory for Parents*), instrumento descrito no capítulo 7.

[4] Designação dos grandes grupos profissionais de acordo com o INE (2010):
(0) Profissões das forças armadas; (1) Representantes do poder legislativo e de órgãos executivos, dirigentes, diretores e gestores executivos; (2) Especialistas das atividades intelectuais e científicas; (3) Técnicos e profissões de nível intermédio; (4) Pessoal administrativo; (5) Trabalhadores dos serviços pessoais, de proteção e segurança e vendedores; (6) Agricultores e trabalhadores qualificados da agricultura, da pesca e da floresta; (7) Trabalhadores qualificados da indústria, construção e artífices; (8) Operadores de instalações e máquinas e trabalhadores da montagem; (9) Trabalhadores não qualificados.

e 7 (15.7%) foram os mais representados. Na sua grande maioria, os pais e as mães eram casados (93.1%) e tinham em média dois filhos. A maioria das famílias reside na zona centro, incluindo participantes de diversos distritos como Coimbra, Castelo Branco, Leiria, Guarda, Aveiro, Viseu, Santarém, Portalegre e Lisboa.

A idade média das crianças (n = 100), filhas dos participantes, foi de 8.69 anos (DP = 3.68), variando entre os 2 e os 16 anos. A grande maioria era de nacionalidade portuguesa (98%) e 51% eram do sexo feminino. Todas as crianças frequentavam níveis de ensino de acordo com a sua faixa etária (do pré-escolar ao 11º ano), exceto duas crianças (de dois e três anos) que ainda não tinham iniciado um percurso escolar. Relativamente ao diagnóstico médico, 48 crianças tinham diabetes *mellitus* tipo I, 44 asma e 8 artrite idiopática juvenil. O tempo médio ocorrido após o diagnóstico foi de 4.87 anos (DP = 3.11).

Um primeiro estudo exploratório de validação do FHI foi realizado por Oliveira (2013), no âmbito de uma investigação de Mestrado Integrado em Psicologia, apresentada à Faculdade de Psicologia e de Ciências das Educação da Universidade de Coimbra. Recorrendo a parte da amostra descrita na primeira fase de recolha de dados, à qual foram acrescentados dados referentes a pais de crianças com doença oncológica, o autor realizou uma análise fatorial exploratória deste instrumento, sugerindo uma estrutura fatorial de três fatores, embora não totalmente correspondente com a versão original de McCubbin e colaboradores (1986).

Estudos descritivos

No Quadro 2 apresentam-se as estatísticas descritivas referentes aos 20 itens do FHI. Assim, são apresentados os valores para a média, desvio--padrão, moda, mínimo-máximo, assimetria e curtose. São também incluídos os primeiros estudos de consistência interna, nomeadamente, os valores das correlações item-total corrigidas e os valores do coeficiente alfa de Cronbach quando o item é eliminado.

Quadro 2.
Estatísticas descritivas dos itens do FHI e consistência interna

Item	M	DP	Moda	Mín-Máx	Assimetria	Curtose	Correlação Item-Total Corrigida	Alfa com Item Eliminado
1	1.57	0.92	1	0-3	0.09	-0.86	*.04*	.77
2	1.80	0.95	2	0-3	-0.28	-0.88	.36	.75
3	2.04	0.99	3	0-3	-0.62	-0.79	.44	.74
4	2.14	0.83	2	0-3	-0.89	0.47	*.05*	.77
5	2.37	0.73	3	0-3	-1.26	1.92	.45	.74
6	2.60	0.51	3	1-3	-0.60	-1.25	.35	.75
7	2.64	0.58	3	0-3	-1.59	2.74	.34	.75
8	2.30	0.92	3	0-3	-1.04	-0.09	.41	.74
9	2.74	0.52	3	0-3	-2.14	5.61	.35	.75
10	2.46	0.83	3	0-3	-1.48	1.42	.47	.74
11	2.73	0.53	3	0-3	-2.16	5.38	.46	.74
12	2.41	0.69	3	0-3	-1.15	1.60	*.07*	.76
13	2.59	0.63	3	0-3	-1.79	4.14	*.24*	.75
14	2.05	0.91	3	0-3	-0.60	-0.56	.41	.74
15	2.48	0.66	3	0-3	-1.36	2.47	.37	.75
16	2.30	0.88	3	0-3	-1.07	0.23	.47	.74
17	2.66	0.58	3	0-3	-1.94	4.81	*.12*	.76
18	2.75	0.54	3	0-3	-2.62	8.66	.47	.74
19	2.09	1.03	3	0-3	-0.73	-0.79	.34	.75
20	1.95	1.04	3	0-3	-0.47	-1.08	.39	.74

Nota. Os valores assinalados a itálico correspondem a itens com valores para a correlação item-total inferiores ao desejável (.30).

Os resultados apresentados no Quadro 2 permitem verificar que o item 18 ("Trabalhamos juntos para resolver os problemas") obteve uma média mais elevada (M = 2.75; DP = 0.54), enquanto o item 1 ("Os problemas resultam dos erros que cometemos") apresenta a média mais baixa (M = 1.57; DP = 0.92). A cotação mais prevalecente é o 3 ("Verdadeiro") para todos os itens, com exceção dos itens 1, 2 e 4. Com exceção do item 6, todos os restantes 19 itens apresentam resultados para toda a escala de cotação (0-3). Quanto à assimetria, e atendendo ao constructo avaliado pelo FHI (resistência), 19 dos 20 itens apresentam um valor negativo para este indicador (o item 1 é o único com um valor positivo). Já para a curtose, referente ao grau de achatamento da distribuição, encontramos sete itens com um valor negativo para este indicador. Destacam-se ainda os itens 9, 11 e 18 como os que se encontram mais afastados do valor zero.

Estudos de precisão: Consistência interna

Para os estudos de evidência de precisão recorreu-se ao cálculo do coeficiente alfa de Cronbach para analisar a consistência interna dos 20 itens do FHI. Estas análises foram replicadas para a escala total e para os três fatores que a compõem. Neste sentido, obteve-se um coeficiente de alfa de Cronbach de .76 para o resultado total do FHI. Quanto aos valores para os três fatores (obtidos aquando dos estudos de AFE), estes são adequados para os dois primeiros, Fator 1 (α = .73) e Fator 2 (α = .71), mas inadequados para o Fator 3 (α = .38). Neste caso, o valor é mais reduzido devido à presença do item 1 neste fator. Conforme consta do Quadro 2, a análise das correlações item-total corrigidas apontam para alguns itens com valores abaixo do valor de referência (.30): itens 1, 4, 12, 13 e 17. No entanto, a sua eliminação não levaria a um aumento expressivo da consistência interna total da escala (cf. Quadro 2).

Estudos de precisão: Acordo entre informadores

No âmbito dos estudos de precisão foi ainda analisado o acordo entre informadores, nos casos em que foi possível obter um protocolo do FHI preenchido pelo pai e outro pela mãe (N = 44). O valor da correlação obtida revela um acordo moderado (r = .58) entre ambos os progenitores das crianças para o resultado total do FHI.

Estudos de validade de constructo: Análise fatorial exploratória

A evidência de validade interna do FHI foi averiguada através dos estudos de análise fatorial exploratória (AFE). Assim, num primeiro momento foram verificados os pressupostos para a realização da AFE. A amostra recolhida (N = 144) permitiu a obtenção de um rácio de mais de sete sujeitos por cada um dos 20 itens do FHI. No que diz respeito aos critérios de adequação da amostra, para a realização da análise em componentes principais, alcançaram-se resultados satisfatórios quer para o critério de Kaiser-Meyer-Olkin (*KMO* = .685), quer para o teste de esfericidade de Bartlett, $\chi^2(190)$ = 690.91, $p < .001$), revelando que existem correlações entre as variáveis consideradas (Pestana & Gageiro, 2008). A solução inicial não rodada apontava para a existência de seis fatores (com *eigenvalues* superiores a 1) que explicariam 59.97% da variância total. No entanto, a análise do ponto de inflexão do *scree-plot* remetia para um número mais reduzido de fatores (cf. Figura 1).

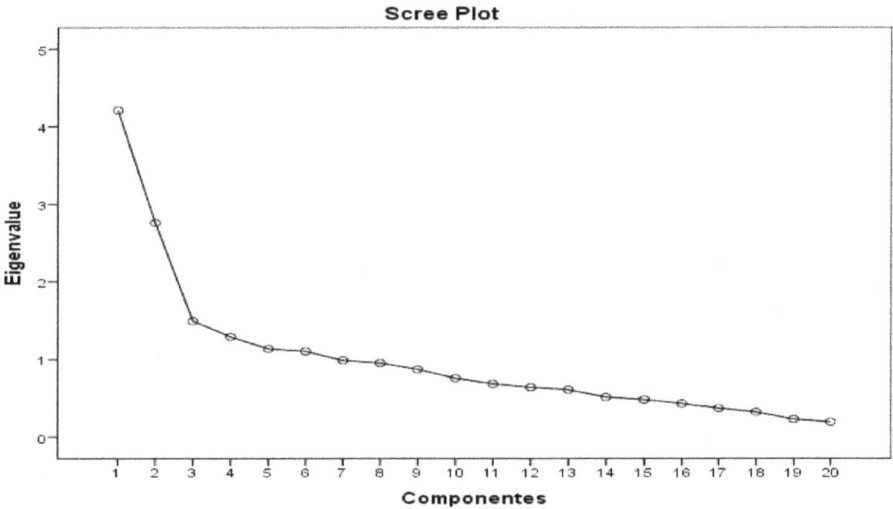

Figura 1. Scree-plot: Solução inicial FHI.

Neste sentido, e de forma a poder analisar a replicação da estrutura fatorial original de três fatores proposta para o FHI, procedeu-se a uma AFE com rotação *Varimax* forçada a três fatores. Da análise do Quadro 3, constata-se que a distribuição dos 20 itens pelos três fatores considerados não equivale totalmente à versão original.

Assim, os três fatores explicam um total de 42.31% de variância, sendo que o primeiro fator é composto por sete itens (com saturações a oscilar entre .496 e .694), o segundo fator por sete itens (com saturações situadas entre .296 e .818) e o terceiro fator por seis itens (com saturações entre .321 e .640). Uma análise do conteúdo dos itens permite inferir que o primeiro fator integra cinco dos seis itens do fator Controlo da versão original do FHI (itens 2, 3, 10, 19 e 20). Os restantes itens (8 e 14) deste fator pertencem respetivamente aos fatores Compromisso e Desafio, na versão original. O segundo fator contém sete dos oito itens integrados no fator Compromisso da versão original (itens 4, 5, 6, 7, 9, 11 e 18). De referir que o item 5 apresenta dupla saturação, tendo sido incluído neste fator em conformidade com a versão original da escala. Cinco dos seis itens integrados no terceiro fator pertencem ao fator Desafio da versão original (itens 12, 13, 15, 16 e 17). Os itens 16 e 17, apesar do seu menor valor de saturação, foram incluídos neste fator, à semelhança da versão original. Este fator integra ainda o item 1, que originalmente pertence ao fator Controlo.

Quadro 3.
Matriz rodada, comunalidades e variância explicada (Rotação Varimax) – FHI

Itens	Fatores			h^2
	1	2	3	
8. Não nos sentimos capazes de...	.694			.481
3. O nosso trabalho e esforço não...	.668			.446
10. A vida parece monótona...	.649			.421
20. Temos consciência que as nossas vidas...	.639			.408
14. Tendemos a fazer sempre as mesmas...	.624		.390	.541
19. A maior parte das coisas infelizes...	.609			.371
16. É melhor ficar em casa...	.551		**.427**	.486
2. Não vale a pena planear antecipadamente	.496			.246
5. Sentimos que somos fortes, mesmo...	.414	**.323**		.275
18. Trabalhamos juntos para...		.818		.669
11. Batalhamos juntos e...		.812		.659
7. Mesmo não estando sempre de...		.729		.531
9. Acreditamos que as coisas se...		.577		.333
6. Muitas vezes temos confiança que...		.470		.221
17. Procuramos encorajar que...		.383	**.321**	.250
4. A longo prazo, as coisas más que ...		*.296*		.088
15. Encorajamo-nos uns aos outros a...		.427	.640	.592
1. Os problemas resultam dos...			-.524	.275
12. Quando planeamos atividades...			.507	.257
13. Ouvimos os problemas...		.336	.364	.245
% Variância explicada	17.07	15.83	9.41	

Nota. A negrito estão assinaladas as saturações dos itens com dupla saturação incluídos noutro fator. As saturações com valores inferiores a .30 encontram-se assinaladas a itálico.

Apesar da não obtenção de uma estrutura fatorial equivalente à versão original do FHI, 17 dos 20 itens estão integrados nos respetivos fatores correspondentes. Também a título exploratório foi efetuada uma AFE forçada a quatro fatores, no sentido de testar a segunda estrutura proposta pelos autores para o FHI. No entanto, esta estrutura não se revelou adequada quanto à distribuição dos itens e muito distante da obtida por McCubbin e colaboradores (1986).

Estudos de validade: Comparação de grupos

O último estudo de evidência de validade envolveu a comparação entre o grupo de pais de crianças com diagnóstico de asma (n = 61) e de diabetes (n = 69), considerando o resultado total do FHI. Não foram encontradas diferenças estatisticamente significativas para o resultado total do FHI, $t(128)$ = 0.921, p = .359, entre pais de crianças com asma (M = 46.72, DP = 5.95) e com diabetes (M = 45.71, DP = 6.50).

3. Aplicação
Como aplicar, cotar e interpretar?

O FHI foi desenvolvido para avaliar a perceção dos membros da família sobre a abordagem padrão que a família utiliza relativamente às dificuldades com que se depara (McCubbin et al., 2001) e pode ser aplicado a adultos, particularmente em momentos de *stress* ou situações de adversidade. O instrumento deverá ser preenchido de forma individual, sendo apenas necessária uma versão em papel e um lápis/caneta. Ao respondente é pedido que indique, numa escala de 0 a 3 ("Falso"; "Falso na maioria das vezes"; "Verdadeiro na maioria das vezes"; "Verdadeiro"), em que medida cada uma das afirmações descreve a sua família no momento atual.

Relativamente aos procedimentos de cotação, poderá ser calculado um resultado total do FHI, através da soma dos valores correspondentes aos níveis da escala (0 = "Falso"; 1 = "Falso na maioria das vezes"; 2 = "Verdadeiro na maioria das vezes"; 3 = "Verdadeiro") considerando os 20 itens. Há que atender, no entanto, que nove itens (1, 2, 3, 8, 10, 14, 16, 19 e 20) devem ser invertidos antes de proceder a esta adição (i.e., 3 = "Falso"; 2 = "Falso na maioria das vezes"; 1 = "Verdadeiro na maioria das vezes"; 0 = "Verdadeiro").

Podem ainda ser calculados resultados para cada subescala, atendendo aos itens que as compõem. Atendendo à estrutura fatorial apresentada neste estudo, o fator Controlo integra sete itens (2, 3, 8, 10, 14, 19, 20), o fator Compromisso comporta sete itens (4, 5, 6, 7, 9, 11, 18) e o fator Desafio inclui seis itens (1, 12, 13, 15, 16, 17). Refira-se, novamente, a necessidade de reverter a pontuação dos itens anteriormente referidos, antes de se proceder à soma dos itens de cada subescala.

4. Vantagens, limitações e estudos futuros

Os resultados deste estudo indicam que a versão portuguesa do FHI apresenta boas qualidades psicométricas, com uma estrutura fatorial próxima da versão original. Com efeito, apenas três itens do instrumento não são coincidentes com a estrutura de três fatores proposta por McCubbin e colaboradores (1986). Trata-se de um instrumento que, quando utilizado em períodos ou situações de vida adversas, poderá dar informações sobre a perceção que as pessoas têm sobre as forças internas da sua família, traduzidas na sensação de controlo, visão positiva da mudança e orientação ativa para lidar com os problemas, ou seja, sobre a resistência familiar. Por exemplo, no âmbito da doença crónica pediátrica, o conhecimento de preditores de resistência familiar pode revelar-se uma importante fonte de informação no sentido de identificar famílias resilientes, apesar do *stress* associado à condição de saúde da criança (Woodson et al., 2015). O resultado obtido aquando dos estudos de acordo entre informadores também abona a favor da utilização do FHI em contextos de doença pediátrica, como um instrumento útil na recolha da perspetiva de ambos os pais das crianças.

Foi neste contexto particular que foram recolhidos os dados que integraram o estudo de validação do FHI. Assim, na interpretação dos resultados, há que atender à especificidade da amostra estudada, constituída por pais de crianças de crianças com doenças crónicas. O reduzido tamanho da amostra e o facto da amostra total envolver diversos protocolos preenchidos para a mesma criança, por mais de um informador (pai e mãe), podem também representar uma limitação, nomeadamente na leitura dos resultados referentes à estrutura fatorial do instrumento.

De futuro, seria relevante prosseguir com estudos de validade deste instrumento, nomeadamente utilizando outras medidas indicadoras de forças familiares, como aliás foi realizado pelos autores da versão original (cf. McCubbin et al., 2001). Igualmente relevante será a inclusão de um número mais alargado de participantes e a consideração de outros contextos de adversidade.

5. Bibliografia

Campbell, C. L., & Demi, A. (2000). Adult children of fathers missing in action (MIA): An examination of emotional distress, grief, and family hardiness. *Family Relations, 49*(3), 267-276. doi: 10.1111/j.1741-3729.2000.00267.x.

Cunha, A.I. (2011). *Histórias e trajectórias de adaptação e resiliência familiar na doença crónica pediátrica*. Dissertação de Doutoramento não publicada. Faculdade de Psicologia e de Ciências da Educação. Universidade de Coimbra. Acedido em http://hdl.handle.net/10316/20310

Failla, S., & Jones, L.C. (1991). Families of children with developmental disabilities: An examination of family hardiness. *Research in Nursing & Health, 14*, 41-50. doi: 10.1002/nur.4770140107

Greef, A., & Van Der Merwe, S. (2004). Variables associated with resilience in divorced families. *Social Indicators Research, 68*(1), 59-75. doi: 10.1023/B:SOCI.0000025569.95499.b5.

Hendrix, S. K., & Ford, J. (2003). Hardiness of foster families and the intend to continue to foster. *Journal of Family Social Work, 7*(2), 25-34. doi: 10.1300/J039v07n02_03

Judge, S. L. (1998). Parental coping strategies and strengths in families of young children with disabilities. *Family Relations, 47*(3), 263-268. doi: 10.2307/584976

Kaplan, H. B. (1999). Toward an understanding of resilience. A critical review of definitions and models. In M. D. Glantz & J. L. Johnson (Eds). *Resilience and development. Positive life adaptations* (pp. 17-83). New York: Kluwer Academic/Plenum Publishing.

Knafl, K. A., Knafl, G. J., Gallo, A. M., & Angst, D. (2007). Parents' perceptions of functioning in families having a child with a genetic condition. *Journal of Genetic Counseling, 16*(4), 481-492. doi: 10.1007/s10897-006-9084-x

Kobasa, S. C. (1979). Stressful life events, personality, and health: An inquiry into hardiness. *Journal of Personality and Social Psychology, 37*(1), 1-11. Acedido em: http://dx.doi. org/10.1037/0022-3514.37.1.1

Leske, J., & Jiricka, M. K. (1998). Impact of family demands and family strengths and capabilities on family well-being and adaptation after critical injury. *American Journal of Critical Care, 7*(5), 383-392.

McCubbin, H. I., Thompson, A. I., & McCubbin, M. A. (2001). *Family Assessment: Resiliency, coping and adaptation- Inventories for research and practice.* Madison: University of Wisconsin System.

McCubbin, M. A. & McCubbin, H. I. (1996). Resiliency in families: A conceptual model of family adjustment and adaptation in response to stress and crises. In H. I. McCubbin, A. I. Thompson, & M. A. McCubbin (2001). *Family Assessment: Resiliency, coping and adaptation- Inventories for research and practice.* (pp. 1-64). Madison: University of Wisconsin System.

McCubbin, M. A., McCubbin, H., & Thompson, A. (1986). Family Hardiness Index (FHI). In H. I. McCubbin, A. I. Thompson, & M. A. McCubbin (2001). *Family Assessment: Resiliency, coping and adaptation- Inventories for research and practice* (pp. 274-338). Madison: University of Wisconsin System.

Oliveira, D. F. (2013). *Adaptação familiar e apoio social percebido: Um estudo exploratório com pais de crianças com doença oncológica* (Dissertação de Mestrado Integrado não publicada). Faculdade de Psicologia e de Ciências da Educação. Universidade de Coimbra.

Svavarsdottir, E. K., & Rayens, M. K. (2003). American and Icelandic parents' perceptions of the health status of their young children with asthma. *Journal of Nursing Scholarship, 35*(4), 351-358. doi: 10.1111/j.1547-5069.2003.00351.x

Walsh, F. (1998). *Strengthening family resilience.* New York: The Guilford Press.

Woodson, K.D, Thakkar, S, Burbage, M, Kichler, J., & Nabors, L. (2015). Children with chronic illness: Factors influencing family hardiness. *Issues in Comprehensive Pediatric Nursing, 38*(1), 57-69. doi: 10.3109/01460862.2014.988896

QUALIDADE DE VIDA: VERSÃO REDUZIDA (QOL-VR)

Diana Cunha
Ana Paula Relvas

"Quality of life is what a person says it is."

(Twycross, 2003, p. 5)

Resumo

O Inventário de Qualidade de Vida Familiar (QOL) (Olson & Barnes, 1982) avalia a satisfação do indivíduo com a qualidade de vida familiar, através de um conjunto de 40 itens. Visando tornar a sua aplicação mais rápida, desenvolveu-se uma versão reduzida (QOL-VR), com 20 itens. Os estudos realizados podem dividir-se em duas fases: 1) redução dos itens e primeiros estudos psicométricos (validade e fiabilidade) (N = 231); 2) estudos psicométricos (validade e fiabilidade) da versão desenvolvida na etapa anterior numa nova amostra (N = 254). Sugere-se uma estrutura de quatro fatores (Bem-Estar Financeiro; Média e Comunidade; Tempo; Família, Amigos e Saúde) que se mostrou ajustada, tanto na fase 1 [AFC - CFI = .962, GFI = .902, $RMSEA$: .050 (Lo = .038, Hi = .062)], como na fase 2 [CFI = .946, GFI = .904, $RMSEA$: .055 (Lo = .044, Hi = .065)]. O QOL-VR apresentou razoáveis a bons níveis de consistência interna (escala total e subescalas), em ambas as fases, com valores de alfa de Cronbach a oscilar entre .67 e .89. O estudo

DOI: https://doi.org/10.14195/978-989-26-1268-3_4

apresenta algumas limitações (e.g., amostra não probabilística de conveniência, não estratificada), sugerindo-se a continuidade dos estudos do QOL-VR.

Palavras-Chave: QOL, qualidade de vida familiar, versão reduzida, validade, fiabilidade.

Abstract

The Inventory of Family Quality of Life (QOL) (Barnes & Olson, 1982) assesses the satisfaction of the individual with the family quality of life, using a set of 40 items. Aiming to make it application faster, we developed a brief version (QOL-VR), composed by 20 items. This study can be divided into two stages: 1) reduction of items and first psychometric studies (validity and reliability) (N = 231); 2) psychometric studies (validity and reliability) of the developed version in the previous step, with a new sample (N = 254). A four-factor structure is suggested (Financial Wellbeing, Media and Community; Time; Family, Friends and Health) which proved to be adjusted in both phase 1 [AFC - CFI = .962, GFI = .902, $RMSEA$: .050 (Lo = .038, Hi = .062)] and phase 2 [AFC - CFI = .946, GFI = .904, $RMSEA$: .055 (Lo = .044, Hi = .065)]. The QOL-VR showed reasonable to good internal consistency levels (total and subscales) in both phases, with Cronbach's alpha values ranging between .67 and .89. The study has some limitations (e.g., non-probabilistic sample of convenience, not stratified), suggesting the continuity of QOL-VR studies.

Keywords: QOL, quality of family life, brief version, validity, reliability.

1. Instrumento
O que é, o que avalia e a quem se aplica?

No Quadro 1 encontra-se a ficha técnica relativa ao Qualidade de Vida, Versão Reduzida (QOL-VR; Almeida, 2013) do *Quality of Life* (QOL) (Olson & Barnes, 1982).

Quadro 1.
Ficha técnica do QOL-VR

O que é?	O inventário de Qualidade de Vida apresentado é a versão reduzida (QOL-VR) do *Quality of Life* (QOL), desenvolvido em 1982, por Olson e Barnes, em St. Paul, Minnesota

O QOL-VR consiste num questionário de auto-resposta, composto por 20 itens que avaliam a qualidade de vida familiar, através da avaliação subjetiva do grau de satisfação com as seguintes áreas de vida: família, amigos, saúde, tempos-livres, média, comunidade, emprego/rendimentos. Os 20 itens encontram-se repartidos por quatro dimensões: Bem-Estar Financeiro; Média e Comunidade; Tempo; e Família, Amigos e Saúde

Estrutura do QOL-VR

Dimensão	Número Itens	Descrição
Bem-Estar Financeiro (BF)	5	Avalia o grau de satisfação com o seu rendimento capacidade para fazer face às despesas familiares e nível de poupança
Média e Comunidade (MC)	5	Avalia o grau de satisfação com os média (e.g., qualidade dos jornais) e a comunidade (e.g., segurança)
Tempo (T)	5	Avalia o grau de satisfação com o tempo disponível para a família, para a lida da casa e para o próprio
Família, Amigos e Saúde (FAS)	5	Avalia o grau de satisfação com a família, os amigos e a saúde

(dimensão "O que avalia?" à esquerda da tabela)

A quem se aplica?	A adaptação da versão portuguesa reduzida do QOL (QOL-VR) atesta a viabilidade da sua aplicação a adultos (> 18 anos), da população geral. Note-se que, originalmente, os autores (Olson & Barnes, 1982) desenvolveram duas formas paralelas do QOL – formulário parental e formulário para adolescentes, encontrando-se o primeiro também adaptado para a população portuguesa (Simões, 2008)
Como ter acesso?	O acesso ao QOL-VR pode ser efetuado através da página http://www. fpce.uc.pt/avaliação familiar que contém todos os instrumentos de avaliação apresentados neste livro. Os utilizadores deverão facultar os contactos pessoais e institucionais, bem como dados acerca do propósito da utilização do instrumento (e.g., investigação, prática clínica) e concordar com as condições de utilização e de partilha dos resultados com os autores da versão portuguesa

83

Fundamentação e história

As primeiras referências à expressão qualidade de vida remontam à Grécia Antiga, onde filósofos como Aristóteles consideravam que "boa vida" designava "a vida que está de acordo com as virtudes, com o bem maior, o bem supremo" (Pimentel, 2006, p. 15). Há, também, indícios de que este termo tenha sido utilizado, pela primeira vez, na literatura médica em 1930 (Seidel & Zannon, 2004). Mais tarde, em 1964, terá reaparecido com maior intensidade devido a Lyndon Johnson, à data presidente dos Estados Unidos da América, que declarou que a qualidade de vida proporcionada às pessoas seria uma melhor medida do bem--estar da população do que o balanço dos bancos (Fleck et al., 1999).

O que se entende por qualidade de vida tem vindo a alterar-se ao longo dos tempos. Segundo Couvreur (1996), antigamente, falava-se de uma filosofia ou de uma arte para viver enquanto, atualmente considera--se um conceito que invadiu todos os domínios, desde a ecologia à organização do trabalho, passando pela saúde. Talvez se possa afirmar que a década de 90 constitui o principal marco evolutivo do conceito qualidade de vida. Repare-se que foi a partir dessa altura que a ideia de qualidade de vida passou a integrar de forma mais intensa os discursos informais entre as pessoas e os média em geral, assistindo-se, simultaneamente, ao aumento da quantidade e da qualidade de investigações científicas sobre a qualidade de vida e sua relação com questões sociais, culturais e biológicas (Gordia, Quadros, Oliveira, & Campos, 2011). É também nos anos 90, procurando suprir a confusão conceptual em torno do constructo qualidade de vida (Fleck, 2000) e construir um instrumento de avaliação do mesmo, que a Organização Mundial de Saúde (OMS) reuniu especialistas de várias partes do mundo, formando o grupo de qualidade de vida (grupo WHOQOL). Este grupo desenvolveu uma definição universal, comum a todas as culturas, considerando que qualidade de vida é "a perceção do indivíduo, da sua posição na vida, no contexto da cultura e sistema de valores nos quais ele vive e em relação aos seus objetivos, expetativas, padrões e preocupações" (WHOQOL, 1994, p. 28).

Esta definição, proposta pela OMS (grupo WHOQOL), também serve de base ao conceito de qualidade de vida familiar, uma vez que o paradigma base é transversal aos dois conceitos, assentando nas mesmas características fundamentais, a multidimensionalidade e a subjetividade (Schalock & Verdugo, 2006). Multidimensionalidade, uma vez que para avaliar a qualidade de vida é importante ponderar diversos aspetos relativos aos domínios físico, funcional, psicológico e social do indivíduo (Haan, Aaronson, Limburg, Hewer, & Crevel 1993). E, subjetividade, dado que a sua avaliação resulta da perceção que o indivíduo tem desses domínios (Olson et al., 1983).

Segundo Schalock e Verdugo (2006), a diferença entre qualidade de vida e qualidade de vida familiar reside no foco principal de cada um dos conceitos, ou seja, o primeiro refere-se geralmente ao indivíduo, enquanto o segundo aborda a família enquanto todo. Quando a qualidade de vida é enquadrada por uma perspetiva familiar, foca-se na perceção que o indivíduo tem do seu bem-estar e satisfação com a sua vida familiar em diferentes domínios (Fagulha, Duarte, & Miranda, 2000). Neste sentido, Olson e Barnes (1982) definem qualidade de vida (familiar) como o sentido de ajustamento da família em relação ao seu meio ambiente. O necessário aumento de complexidade que advém deste tipo de conceptualização de cariz mais familiar acarreta desafios, por exemplo, autores como Park et al. (2003) depararam-se com dificuldades na operacionalização da qualidade de vida familiar. Tal facto deve-se ao elevado número de variáveis que influenciam a vida familiar, nomeadamente: (a) as diferentes perspetivas dos membros da família na definição da sua qualidade de vida; (b) a necessidade de incluir diferentes contextos culturais, sociais e étnicos para garantir uma melhor compreensão da variabilidade existente entre as famílias; e (c) o balanço entre a importância concedida pelas famílias aos diversos indicadores de qualidade de vida e a satisfação ou insatisfação real experimentada pelos seus membros em relação a esses indicadores (Córdoba, Verdugo, & Benito, 2006).

Apesar disso, David Olson e Howard Barnes (1982) desenvolveram o *Quality of Life* (QOL). A construção do QOL surge no mesmo âmbito de um conjunto de instrumentos de avaliação familiar, entre eles as *Family Crisis Oriented Personal Evaluation Scales* (F-COPES) (cf. Capítulo 1). Qualquer um desses instrumentos possui como enquadramento teórico de base o Modelo Duplo ABCX de McCubbin e Patterson (1983). Este é uma extensão do Modelo ABCX de Hill (1949), ambos modelos orientados para a compreensão do *stress* familiar que analisam os acontecimentos indutores de *stress* que possam afetar a capacidade de adaptação do sistema familiar (Weber, 2011). O modelo ABCX (Hill, 1949) foca-se na capacidade de resposta da família a algo que, de alguma forma, a ameaça e obriga à sua reestruturação, considerando quatro fatores fundamentais, A, B, C e X. Considera-se que A é um evento *stressor*, B corresponde aos recursos familiares para lidar com as novas exigências, C corresponde à definição que a família faz do acontecimento (individual e coletivamente), e X a crise. O Modelo Duplo ABCX (McCubbin & Patterson, 1983) complementa o anterior, uma vez que o modelo de Hill (1949) reduz o seu foco às variáveis pré-crise. Assim, adiciona os esforços que os membros da família fazem, ao longo do tempo, para se adaptar, contemplando três fases: a pré-crise, a crise e a pós-crise (McCubbin & Patterson, 1983). São, assim, acrescentados quatro fatores fundamentais: o fator aA respeitante ao acumular de fatores de *stress*, o fator bB que se refere aos esforços da família para ativar ou adquirir novos recursos, o fator cC que considera as modificações da perceção familiar da situação total de crise, e o fator xX que se refere à adaptação da família.

O QOL contempla duas formas paralelas, o formulário parental (40 itens) e o formulário para adolescentes (25 itens), construídos, segundo os autores (Olson & Barnes, 1982), para que o estudo da qualidade de vida refletisse as preocupações diferenciais de pais e filhos. Trata-se de um instrumento de auto-resposta, cujos itens são cotados através de uma escala de *Likert* de 5 pontos (1 corresponde a "Insatisfeito", 2 a "Pouco Satisfeito", 3 a "Geralmente Satisfeito", 4 a "Muito Satisfeito" e 5 a "Extremamente Satisfeito"). No que respeita à validade destes dois formulários, os autores verificaram (Olson & Barnes, 1982), através de uma Análise Fatorial Exploratória (AFE) (método de componentes principais), com rotação *varimax*, a existência de 12 fatores no que respeitava ao formulário parental e 11 fatores no formulário para adolescentes. Onze fatores eram comuns a ambos os formulários: Vida Familiar, Amigos, Família Alargada, Saúde, Casa, Educação, Tempo, Religião, Média, Bem-Estar Financeiro, Vizinhança e Comunidade. Ao formulário parental acrescia o fator Emprego. No que respeita à fiabilidade dos itens do inventário, o formulário parental apresentava um coeficiente alfa de Cronbach de .92 e o formulário para adolescentes de .86, para a escala total (Olson & Barnes, 1982), considerada uma consistência interna muito boa e boa, respetivamente (Pestana & Gageiro, 2008).

Em Portugal, o formulário parental é aquele que tem sido estudado e que está na base do QOL-VR.

2. Estudos em Portugal
Como foi desenvolvido/ adaptado e validado?

Estudos de tradução e adaptação

O formulário parental do QOL encontra-se traduzido desde 2006 (tradução do grupo de investigação da Subárea Sistémica, Saúde e Família, da Faculdade de Psicologia e Ciências da Educação da Universidade de Coimbra, coordenado por Ana Paula Relvas) e adaptado e validado para a população portuguesa (Simões, 2008). A versão portuguesa (Simões, 2008) do instrumento apresentou propriedades psicométricas referentes à precisão semelhantes às encontradas pelos autores da versão original, apresentando, para a escala total (40 itens), um coeficiente de alfa de Cronbach de .92, consistência interna considerada muito boa (Pestana & Gageiro, 2008). No que respeita aos estudos de validade, realizou-se uma AFE (método de componentes principais), seguida de rotação *varimax*. A versão portuguesa apresenta algumas alterações em relação à versão original, reunindo 11 fatores, em vez dos 12 originais: Bem-Estar Financeiro, Tempo, Vizinhança e Comunidade, Casa, Média, Relações Sociais e Saúde, Emprego, Religião, Família e Conjugalidade, Filhos e

Educação (Simões, 2008). A principal diferença reside no desaparecimento dos fatores Amigos e Família Alargada, cujos itens foram integrados no fator Relações Sociais e Saúde.

Não obstante a existência desta versão adaptada e validada para a população portuguesa, é reconhecido que as versões reduzidas dos instrumentos facilitam a sua aplicação em termos da gestão do tempo e do cansaço dos participantes (Ballueska & Gorostiaga, 2012; Podsakoft & MacKenzie, 1994), representando o seu desenvolvimento uma mais-valia. Para além disso, em 2013, esta necessidade mostrou-se muito relevante, no âmbito de uma investigação de doutoramento conduzida pelas autoras. O protocolo de investigação utilizado era especialmente extenso (cerca de uma hora de preenchimento, em média), possivelmente potenciador de uma menor adesão ao estudo por parte dos participantes, havendo, portanto, necessidade de substituir alguns instrumentos desse protocolo por medidas menos extensas, nomeadamente no que respeitava à avaliação da qualidade de vida. E é neste enquadramento que se iniciam os trabalhos de desenvolvimento e adaptação de uma versão reduzida do QOL (formulário parental) que viria a designar-se QOL-VR.

Os estudos para desenvolver o QOL-VR podem dividir-se em duas fases: 1) redução dos itens e primeiros estudos psicométricos (validade e fiabilidade); 2) estudos psicométricos (validade e fiabilidade) da versão desenvolvida na etapa anterior numa nova amostra da população geral. Uma vez que o protocolo de investigação, a amostra utilizada e as análises estatísticas efetuadas em cada uma destas fases são diferentes, os dados serão apresentados separadamente para cada uma destas fases: Fase 1 e Fase 2.

Fase 1

Nesta fase utilizaram-se os dados recolhidos através de um questionário de dados sociodemográficos e do formulário parental do QOL (Olson & Barnes, 1982), tradução portuguesa, realizada em 2006, também utilizada no estudo de adaptação do QOL (Simões, 2008).

Para a realização deste estudo (Fase 1), utilizou-se uma compilação de amostras recolhidas na população geral (*N*=231) (através do método de amostragem por conveniência), entre 2006 e 2008, com os instrumentos referidos, no âmbito dos estudos de Mestrado Integrado em Psicologia Clínica, Subárea Sistémica, Saúde e Família, da Faculdade de Psicologia e Ciências da Educação da Universidade de Coimbra. O nível socioeconómico (NSE) foi calculado segundo a tipologia de Simões (2000) e utilizou-se a tipologia das áreas urbanas do Instituto Nacional de Estatística (INE) (2009) para classificar as áreas de residência – Áreas Predominantemente Urbanas (APU), Áreas Medianamente Urbanas (AMU) e Áreas Predominantemente Rurais (APR). A maioria dos sujeitos são do sexo feminino (66.7%), a faixa etária mais predominante varia entre os 40 e os 49 anos (35.5%) e o terceiro ciclo é a escolaridade mais comum (22.1%) entre os participantes. A maioria é casada (77.5), pertence a um NSE médio (60.2%) e reside em APU (39.4%) (cf. Quadro 2).

Quadro 2.
Caracterização da amostra (Fase 1)

		Frequência (*n*)	Percentagem (%)
Sexo	Masculino	77	33.3
	Feminino	154	66.7
Faixa etária	20-29	24	10.4
	30-39	73	31.6
	40-49	82	35.5
	50-59	32	13.9
	60-69	13	5.6
	> 70	7	3.0
Escolaridade	< 1° Ciclo	6	2.6
	1° Ciclo	31	13.4
	2° Ciclo	38	16.5
	3° Ciclo	51	22.1
	Secundário	42	18.2
	Curso profissional	17	7.3
	Licenciatura ou >	46	19.9
Estado civil	Casado	179	77.5
	União de facto	52	22.5
NSE	Baixo	68	29.4
	Médio	139	60.2
	Elevado	24	10.4
Residência	APU	91	39.4
	AMU	73	31.6
	APR	67	29.0

Redução dos itens do QOL (Fase 1)

Após a verificação da adequação da amostra para a realização da análise fatorial - índice Kaiser-Meyer-Olkin (KMO) e teste de esfericidade de Bartlett - (KMO = .86; $\chi^2(780)$ = 5290.75, p<.001), realizou-se uma AFE. Para a extração de fatores, utilizou-se o método de componentes principais (CP). Obtiveram-se 11 fatores que explicavam 70.92% da variância total. De seguida, atendendo ao critério de retenção fatorial, *scree plot*, proposto por Cattell (1966), realizou-se uma análise fatorial, forçada à extração de quatro fatores, com rotação *varimax*. O primeiro fator explicava 12.76% da variância total dos dados, o segundo 12.16%, o terceiro 11.49% e o quarto 10.57, perfazendo um total de variância explicada de 46.97% (cf. Quadro 3).

Quadro 3.
Cargas fatoriais (loadings) dos itens do QOL nos fatores (solução após rotação varimax)

Item	Fator				h^2
	1	2	3	4	
1. Família				.582	.793
2. Casamento				.591	.714
3. Filhos				.416	.690
4. Crianças				.389	.572
5. Amigos				.595	.589
6. Familiares				.569	.592
7. Saúde				.620	.719
8. Saúde familiares				.439	.570
9. Condições habitação	.359			.520	.633
10. Responsabilidades domésticas			.455	.450	.765
11. Responsabilidades domésticas outros			.438	.458	.711
12. Espaço suas necessidades			.685	.329	.826
13. Espaço família			.640	.328	.814
14. Educação	.467				.693
15. Programas educativos			.331	.468	.728
16. Tempo-livre			.737		.816
17. Tempo si			.759		.840
18. Tempo família		.310	.703		.818
19. Tempo casa			.767		.770
20. Tempo dinheiro	.575		.343		.629

21. Religião família		.433		.868
22. Religião comunidade		.547		.848
23. Emprego	.457			.675
24. Segurança emprego	.413			.768
25. Televisão			.350	.526
26. Programas televisivos		.489		.754
27. Filmes		.631		.769
28. Jornais e revistas		.636		.679
29. Rendimento	.703			.634
30. Dinheiro necessidades familiares	.804			.769
31. Emergências financeiras	.702			.603
32. Dinheiro deve	.532	.346		.582
33. Poupança	.735			.775
34. Dinheiro futuras necessidades	.803			.822
35. Escolas		.699		.717
36. Compras		.702		.714
37. Segurança		.707		.717
38. Bairro		.530	.367	.700
39. Instalações recreativas		.620		.623
40. Serviços saúde		.569		.543
% Variância explicada	12.76	12.16	11.49	10.57

Nota. Cargas fatoriais (*loadings*) ≥ .35 assinaladas a negrito. *N* = 231.

A partir desta base, iniciou-se o trabalho de redução da escala. Para tal, procedeu-se à seleção dos cinco itens de cada fator com maior carga fatorial. Deste processo resultou um conjunto de 20 itens com potencial interesse para a versão reduzida da escala: 1, 2, 5, 6, 7, 12, 16, 17, 18, 19, 27, 28, 29, 30, 31, 33, 34, 35, 36, 37. Estes 20 itens encontram-se distribuídos por quatro fatores: o fator 1 é composto pelos itens 29, 30, 31, 33 e 34 e diz respeito à dimensão Bem-Estar Financeiro; o fator 2 é composto pelos itens 27, 28, 35, 36 e 37 e remete para a dimensão Média e Comunidade; o fator 3 é composto pelos itens 12, 16, 17, 18 e 19 e refere-se à dimensão Tempo; e, por fim, o fator 4 é composto pelos itens 1, 2, 5, 6 e 7 e diz respeito à dimensão Família, Amigos e Saúde (cf. Quadro 4). Posteriormente, realizou-se uma Análise Fatorial Confirmatória (AFC) desta estrutura, apresentada mais adiante. Estes quatro fatores congregam seis dos fatores do instrumento original, tendo os restantes sido eliminados atendendo à análise estatística realizada.

Quadro 4.
Estrutura fatorial do QOL-VR

Fator	Itens
Família, Amigos e Saúde	1. Família 2. Casamento 5. Amigos 6. Familiares 7. Saúde
Tempo	12. Espaço suas necessidades 16. Tempo livre 17. Tempo si 18. Tempo família 19. Tempo casa
Média e Comunidade	27. Filmes 28. Jornais e revistas 35. Escolas 36. Compras 37. Segurança
Bem-Estar Financeiro	29. Rendimento 30. Dinheiro necessidades familiares 31. Emergências financeiras 33. Poupança 34. Dinheiro futuras necessidades

A versão reduzida obtida constitui uma versão para adultos e não especificamente parental, uma vez que os itens relativos aos filhos foram eliminados.

Estudos de validade interna: Análise Fatorial Confirmatória (AFC) (Fase 1)

Para obtermos as estatísticas de ajustamento para os resultados da etapa anterior, realizámos uma AFC do modelo resultante: quatro fatores, relacionados entre si - Bem-Estar Financeiro, Tempo, Média e Comunidade e Família, Amigos e Saúde. Este modelo apresentou, em geral, índices de ajustamento adequados - $\chi^2 = 256.154$ ($p < .001$), $\chi^2/df = 1.578$, $CFI = .962$, $GFI = .902$, $RMSEA$: .050 ($Lo = .038$, $Hi = .062$) - uma vez que χ^2/df é inferior a 5, os índices de CFI e GFI são superiores a .90 e $RMSEA$ é inferior a .10 (Marôco, 2010). Para se obter este ajustamento final foram necessárias algumas modificações sugeridas pelos índices de modificação. Note-se que apenas se realizaram alterações quando o índice de modificação era elevado e simultaneamente correspondia a uma alteração teoricamente plausível. Por exemplo, acrescentou-se uma correlação entre os erros do item 33 (nível de poupança) e 34 (dinheiro para futuras necessidades da família). Teoricamente, facilmente se aceitam as alterações sugeridas, uma vez que o conteúdo dos itens remete para aspetos que se encontram visivelmente associados (neste caso, poupanças financeiras).

Associação entre subescalas (Fase 1)

As quatro subescalas encontram-se relacionadas entre si ($p < .05$), de forma fraca a moderada ($.246 < r < .473$) (Pestana & Gageiro, 2008). Estas correlações positivas eram esperadas, uma vez que as subescalas representam domínios de um mesmo conceito, a qualidade de vida, tido como multidimensional e dependente não só de fatores pessoais e ambientais como, também, das interações entre os mesmos (Cummins, 2005). Estes dados permitem considerar que o QOL-VR é composto por quatro subescalas dependentes, reforçando a utilidade do seu uso conjunto em detrimento de uma utilização independente.

Estudos de precisão: Análise dos itens, consistência interna (Fase 1)

Os fatores Bem-Estar Financeiro, Tempo e Média e Comunidade apresentam uma consistência interna boa ($.81 < \alpha < .89$) e o fator Família, Amigos e Saúde apresenta uma consistência interna razoável ($\alpha = .72$) (Pestana & Gageiro, 2008). A correlação item-total indica uma adequada capacidade discriminante de todos os itens ($> .30$) (Wilmut, 1975). Este índice de discriminação varia entre .46 e .82 no fator Bem-Estar Financeiro, entre .36 e .83 no fator Tempo, entre .35 e .75 no fator Média e Comunidade e entre .46 e .82 no fator Família, Amigos e Saúde.

Fase 2

Nesta fase utilizou-se um protocolo de investigação que continha, para além do QOL-VR, um questionário de dados sociodemográficos e duas medidas de validade concorrente: 1) o *Systemic Clinical Outcome and Routine Evaluation*–15 (SCORE-15) (Stratton, Bland, Janes, & Lask, 2010; versão portuguesa de Vilaça, Silva, & Relvas, 2014), um instrumento de auto-resposta que avalia o funcionamento familiar através de 15 itens que se distribuem por três dimensões - Forças da Família, Comunicação Familiar e Dificuldades da Família - e de cinco questões que se reportam à rotina da família, à natureza e impacto dos problemas familiares e possíveis necessidades terapêuticas; o sujeito avalia de que modo é que cada item descreve a sua família, através de uma escala de *Likert* de 5 pontos (de "Descreve-nos Muito Bem" a "Descreve-nos Muito Mal"), correspondendo uma maior pontuação a maiores dificuldades familiares; e 2) a Escala de Congruência (EC) (Lee, 2002; versão portuguesa de Cunha, Silva, & Relvas, 2014) que avalia a congruência (estado de harmonia interna e externa, marcado por uma sensação de calma, plenitude, tranquilidade e paz, através do qual o indivíduo pode reagir de forma mais harmoniosa/adaptativa em relação ao seu interior, aos outros e ao contexto)(Banmen, 2002), através de 16 itens, representativos de duas dimensões: Espiritual/Universal e Intra/Interpessoal. O sujeito responde aos itens segundo uma escala de *Likert* de 7 pontos (de "Discordo Fortemente" a "Concordo Fortemente").

Para se proceder à constituição da amostra, foi considerado o critério de um rácio mínimo (sujeitos/itens) de 5/1 para a realização de análises fatoriais (Wong, Tong, Silva, Abrishami, & Chung, 2009). Atendendo aos 20 itens do QOL-VR, esta condição impunha um limite mínimo de 100 participantes. No entanto, a amostra recolhida é composta por 254 participantes. Consideraram-se, ainda, os seguintes critérios de inclusão/ exclusão: a) sujeitos com idade igual ou superior a 18 anos, b) nacionalidade portuguesa, e c) saber ler e escrever. A folha de rosto do protocolo de investigação continha a apresentação e os objetivos do estudo, instruções de preenchimento (e.g., solicitação de respostas sinceras e claras; preenchimento integral de todos os instrumentos) e esclarecimentos relativos ao caráter confidencial, anónimo e voluntário da participação. Devido a este último facto, os participantes não assinaram qualquer tipo de declaração de consentimento informado (APA, 2010). A maioria dos participantes (n = 212, 83.5%) foi recrutada através da rede de pessoas conhecidas de um dos autores (método "bola de neve") e cerca de um quinto (n = 42; 16.5%) a partir de uma recolha *on-line*. Não se verificaram diferenças estatisticamente significativas entre as duas formas de recrutamento, quer no que respeita ao QOL-VR [t(248) = 0.507, ns] como às medidas de validade convergente (SCORE-15 e EC), respetivamente, t(85) = 1.278, ns e t(252) = -1.257, ns.

No caso do recrutamento presencial, esta informação, para além de se encontrar escrita na primeira página do protocolo foi, também, apresentada e discutida com todos os participantes. A administração presencial do protocolo de investigação ocorreu em locais escolhidos pelos participantes (e.g., domicílio, local de trabalho), garantindo-se, dentro do possível e razoável, contextos favoráveis ao preenchimento do protocolo.

O recrutamento dos participantes estendeu-se até ao final do primeiro trimestre de 2012 e deste processo resultou a amostra caracterizada no Quadro 5. Mais uma vez (cf. Fase 1), o NSE foi calculado segundo a tipologia de Simões (2000) e utilizou-se a tipologia das áreas urbanas do INE (2009). A maioria dos sujeitos são do sexo feminino (61.4%), a faixa etária mais predominante varia entre os 18 e os 25 anos (35.4%) e a licenciatura (ou superior) é a escolaridade mais comum (37.4%) entre os participantes. A maioria é solteira (50.0%), pertence a um NSE médio (60.2%) e reside em APU (83.0%) (cf. Quadro 5).

Quadro 5.
Caracterização da amostra (Fase 2)

		Frequência (n)	Percentagem (%)
Sexo	Masculino	98	38.6
	Feminino	156	61.4
Faixa etária	18-25	90	35.4
	26-30	39	15.4
	31-39	38	15.0
	40-49	44	17.3
	50-60	43	16.9

	1° Ciclo	31	12.2
	2° Ciclo	5	2.0
	3° Ciclo	3	1.2
Escolaridade	Secundário incompleto	34	13.4
	Secundário completo	68	26.8
	Curso profissional	17	6.7
	Bacharelato	1	0.4
	Licenciatura ou >	95	37.4
	Solteiro	127	50.0
	Casado	106	41.7
Estado civil	União de facto	9	3.5
	Divorciado	8	3.1
	Viúvo	4	1.6
	Baixo	87	34.3
NSE	Médio	153	60.2
	Elevado	14	5.5
Residência	APU	211	83.0
	APR	39	15.4
	4 missings		1.6

Estudos de validade interna: Análise fatorial confirmatória (AFC) (Fase 2)

O QOL-VR foi testado, desta feita, na nova amostra (amostra fase 2), diferente daquela que lhe deu origem (amostra fase 1). Para tal, realizou-se uma AFC. O QOL-VR, em geral, revelou possuir índices de ajustamento adequados - χ^2 = 274.397 ($p < .001$), χ^2/df = 1.759, *CFI* = .946, *GFI* = .904, *RMSEA*: .055 (Lo = .044, Hi = .065) - uma vez que χ^2/df é inferior a 5, os índices de *CFI* e *GFI* são superiores a .90 e *RMSEA* é inferior a .10 (cf., Marôco, 2010). Para se obter este ajustamento final, à semelhança do sucedido na fase anterior, também foram necessárias algumas modificações sugeridas pelos índices de modificação. Apenas se realizaram alterações quando o índice de modificação era elevado e simultaneamente correspondia a uma alteração teoricamente aceitável. Por exemplo, acrescentou-se uma correlação entre os erros do item 7 (tempo para si) e 8 (quantidade de tempo livre). Estas alterações fazem sentido do ponto de vista teórico dada a evidente associação/ sobreposição entre o conteúdo dos itens (tempo disponível).

Associação entre subescalas (Fase 2)

Também nesta amostra (Fase 2), as quatro subescalas encontram-se relacionadas entre si ($p < .05$), desta feita de forma moderada ($.325 < r < .541$) (Pestana & Gageiro, 2008). Mais uma vez, estas correlações positivas eram esperadas, pelas razões já aduzidas na apresentação dos resultados da fase 1 (Cummins, 2005). Tal como referido anteriormente, o QOL-VR é composto por quatro subescalas dependentes, reforçando a utilidade do seu uso conjunto em detrimento de uma utilização independente.

Estudo de validade convergente (Fase 2)

Utilizaram-se duas medidas de validade convergente – SCORE-15 e EC. Verificou-se que os quatro fatores do QOL-VR, bem como o resultado total do instrumento, se associam no sentido negativo com o SCORE-15, com uma força moderada (Pestana & Gageiro, 2008) ($-.505 < r < -.308$, $p < .05$). Ou seja, de acordo com o esperado teoricamente (Vilaça, Sousa, Stratton, & Relvas, 2014), quanto maior a qualidade de vida (familiar), menores as dificuldades familiares e vice-versa.

O fator Família, Amigos e Saúde do QOL-VR, bem como o resultado total do instrumento associam-se, no sentido positivo, à EC. No primeiro caso a associação é moderada ($r = .435$, $p < .05$) e no segundo fraca ($r = .297$, $p < .05$). Em termos teóricos a direção da relação faz sentido (Lee, 2002), pois quanto maior a qualidade de vida, sobretudo a medida pelo fator Família, Amigos e Sáude, maior a congruência e vice-versa.

Estudos de precisão: Análise dos itens, consistência interna (Fase 2)

Nesta amostra (Fase 2), os fatores Bem-Estar Financeiro e Tempo mantêm uma consistência interna boa (Pestana & Gageiro, 2008) ($\alpha = .89$, $\alpha = .85$, respetivamente). Já os fatores Família, Amigos e Saúde e

Média e Comunidade diminuem ligeiramente os valores de consistência interna (α = .67; α = .75; respetivamente), comparativamente com os apresentados na amostra da Fase 1, apresentando, desta feita, valores razoáveis (Pestana & Gageiro, 2008). Mais uma vez a correlação item--total indica uma adequada capacidade discriminante de todos os itens (> .30) (Wilmut, 1975). Este índice de discriminação varia entre .58 e .72 no fator Bem-Estar Financeiro, entre .50 e .70 no fator Tempo, entre .46 e .54 no fator Média e Comunidade e entre .48 e .61 no fator Família, Amigos e Saúde.

3. Aplicação
Como aplicar, cotar e interpretar?

O material necessário para a aplicação do QOL-VR é apenas a versão em papel do questionário e uma caneta. A aplicação requer que o sujeito cote cada um dos 20 itens no que diz respeito ao grau de satisfação com os aspetos apresentados. Os itens são cotados numa escala de tipo *Likert*, de 1 ("Insatisfeito") a 5 ("Extremamente Satisfeito"). O cálculo do resultado total e respetivas subescalas implica a soma dos itens abrangidos.

Os estudos que aqui se apresentam permitiram calcular os primeiros valores de referência. Uma vez que os valores de referência identificados nas duas amostras estudadas (Fase 1 e Fase 2) são muito próximos, optou-se por apresentar, apenas, os verificados na amostra da Fase 2, uma vez que esta foi recolhida mais recentemente e é composta por um número superior de participantes. Assim, apresentam-se no Quadro 6 as médias e desvios-padrão para o resultado total do QOL-VR e suas subescalas, para a totalidade da amostra e considerando o sexo dos respondentes.

Passando para a interpretação dos resultados, quer total quer das quatro subescalas, podemos inferir que quanto maiores forem os resultados da escala total e das subescalas maior será a qualidade de vida percebida.

Quadro 6.
Valores de referência QOL-VR: Amostra total e por sexo

Resultados QOL-VR	Amostra Total (N = 254)		Sexo Masculino (n = 98)		Sexo Feminino (n = 156)	
	M	DP	M	DP	M	DP
Bem-Estar Financeiro	13.92	4.30	14.74	4.30	13.38	4.22
Média e Comunidade	14.93	3.07	15.43	3.44	14.61	2.78
Tempo	15.70	4.05	16.49	3.90	15.20	4.08
Família, Amigos e Saúde	18.89	3.20	19.46	2.80	18.44	3.43
Total	62.97	11.31	64.96	10.63	64.96	10.63

4. Vantagens, limitações e estudos futuros

A versão reduzida do QOL, o QOL-VR, constitui uma medida de qualidade de vida familiar válida e fiável, enriquecedora do leque de instrumentos de avaliação, disponíveis em Portugal (para a população geral). Para além disso, pelo facto de conter apenas metade dos itens da versão original, economiza tempo na administração, tornando-se menos maçador para os sujeitos. Permite avaliar a qualidade de vida do indivíduo, numa perspetiva familiar e subjetiva, isto é, atendendo ao grau de satisfação percebido pelo sujeito. Uma melhor qualidade de vida familiar associa-se a um funcionamento mais adaptativo das famílias (e dos indivíduos), pelo que a sua avaliação pode ser um importante indicador da saúde das mesmas, permitindo, ainda, a prevenção de eventuais perturbações, físicas ou psicológicas, no sistema familiar (Fagulha et al., 2000).

As limitações deste estudo prendem-se, sobretudo, com as características das amostras (amostras não probabilística de conveniência e não estratificadas e de dimensão relativamente reduzida). Para além disso, o fator 4, Família, Amigos e Saúde, abrange três aspetos relativamente distintos, o que se refletiu na sua menor consistência interna, pelo que a utilização desta subescala deve ser feita cautelosamente. Aliás, recomenda-se, atendendo também à associação entre subescalas, que a utilização e interpretação das mesmas comtemple as quatro subescalas e o resultado global.

Futuramente será importante desenvolver estudos que melhorem as características psicométricas do fator 4. Pode igualmente ser útil analisar o desempenho do QOL-VR: a) em outras populações específicas (e.g., doença crónica), e b) em diferentes culturas.

5. Bibliografia

Almeida, S. (2013). *Escala de Qualidade de Vida Familiar: Desenvolvimento de uma versão reduzida para a população portuguesa* (Dissertação de Mestrado Integrado não publicada). Faculdade de Psicologia e de Ciências da Educação da Universidade de Coimbra, Coimbra.

American Psychological Association (2010). *Ethical principles of psychologists and code of conduct.* Acedido em http://www.apa.org/ethics/code/principles.pdf.

Balluerka, N., & Gorostiaga, A. (2012). Elaboración de versions reducidas de instrumentos de medida: Una perspectiva práctica. *Psychosocial Intervention, 21*(1), 103-110. doi: 10.5093/in2012v21n1a7

Banmen, J. (2002). The Satir Model: Yesterday and today. *Contemporary Family Therapy: An International Journal, 24*, 7-22. doi: 1014365304082

Cattell, R. B. (1966). The screen test for the number of factors. *Multivariate Behavioral Research, 1*, 245-276.

Córdoba, L. A., Verdugo, M. A., & Benito, J. G. (2006). Adaptación de la Escala de Calidad de Vida Familiar en Cali (Colombia). In M. Á. Verdugo (Ed.), *Cómo mejorar la calidad de vida de las personas con discapacidad. Instrumentos y estratégias de evaluación* (pp. 29-41). Salamanca, Espanha: Amarú.

Couvreur, C. (1996). *A qualidade de vida: Arte para viver no século XXI.* Loures, Portugal: Lusociência.

Cummins, R. A. (2005). Moving from the quality of life concept to a theory. *Journal of Intellectual Disability Research, 49*, 699-706. doi: 10.1111/j.1365-2788.2005.00738

Cunha, D., Silva, J., Relvas, A. P. (2014). Escala de Congruência (EC). In A. P. Relvas & S. Major (Coord.) (pp. 113-139), *Avaliação familiar: Funcionamento e intervenção* (Vol. I). Coimbra: Imprensa da Universidade de Coimbra.

Fagulha, T., Duarte, M. E., & Miranda, M. J. (2000). A "qualidade de vida": Uma nova dimensão psicológica?. *Psychologica, 25*, 5-17.

Fleck, M. (2000). O instrumento de avaliação de qualidade de vida da Organização Mundial da Saúde (WHOQOL-100): Características e perspetivas. *Ciência e Saúde Coletiva, 5*(1), 33-38.

Fleck, M. A., Leal, O. F., Louzada, S., Xavier, M., Chachamovich, E., Vieira, G., & ... Pinzon, V. (1999). Desenvolvimento da versão em português do instrumento de avaliação de qualidade de vida da OMS (WHOQOL-100). *Revista Brasileira de Psiquiatria, 21*(1), 19-28. doi: 10.1590/S1516-44461999000100006

Gordia, A. P., Quadros, T., Oliveira, M., & Campos, W. (2011). Qualidade de vida: Contexto histórico, definição, avaliação e fatores associados. *Revista Brasileira de Qualidade de Vida, 3*(1), 40-52.

Haan, R., Aaronson, N., Limburg, M., Hewer, R., & Crevel, H. (1993). Measuring quality of life in stroke. *Stroke, 24,* 320-327.

Hill, R. (1949). *Families under stress: Adjustment to the crises of war separation and reunion.* New York: Harper & Brothers.

Instituto Nacional de Estatística [Statistics Portugal] (INE). (2009). *Tipologia de áreas urbanas.* Disponível em http://smi.ine.pt/Versao/Detalhes/1961

Lee, B. (2002). Development of a Congruence Scale based on the Satir Model. *Contemporary Family Therapy: An International Journal, 24,* 217-239. doi: 1014390009534

Marôco, J. (2010). *Análise de equações estruturais.* Lisboa: Escolar.

McCubbin, H. I., & Patterson, J. M. (1983). Family stress process: The Double ABCX Model of family adjustment and adaptation. *Marriage and Family Review, 6,* 7-37.

Olson, D. H., & Barnes, H. (1982). Quality of life. In D. Olson et al. (Eds.), *Family inventories* (pp. 137-148). St-Paul, Minnesota: University of Minnesota, Family Social Science.

Olson, D. H., McCubbin, H. I., Barnes, H., Larsen, A., Mexen, M., & Wilson, M. (1983). *Families: What makes them work.* London, England: Sage.

Park, J., Hoffman, L., Marquis, J., Turnbull, A. P., Poston, D., Hannan, H., Wang, M., & Nelson, L. L. (2003). Toward assessing family outcomes of service delivery: Validation of a quality of life survey. *Journal of Intellectual Disability Research, 47,* 367-384. doi: 10.1046/j.1365-2788.2003.00497

Pestana, M. H., & Gageiro, J. (2008). *Análise de dados para ciências sociais: A complementaridade do SPSS* (5ª ed.). Lisboa: Sílabo.

Pimentel, F. (2006). *Qualidade de vida e oncologia.* Coimbra: Almedina.

Podsakoff, P., & MacKenzie, S. (1994). An examination of the psychometric properties and nomological validity of some revised and reduced substitutes for leadership scales. *Journal of Applied Psychology, 79*(5), 702-713. doi: 10.1037/0021-9010.79.5.702

Schalock, R., & Verdugo, M. A. (2006). Revision actualizada del concepto de Calidad de Vida. In M. Á. Verdugo (Ed.), *Cómo mejorar la calidad de vida de las personas con discapacidad. Instrumentos y estratégias de evaluación* (pp. 29-41). Salamanca, Espanha: Amarú.

Seidel, E. M. F., & Zannon, C. M. L. (2004). Quality of life and health: Conceptual and methodological issues. *Cadernos de Saúde Pública, 20*(2), 580-588.

Simões, J. (2008). *Qualidade de vida: Estudo da validação para a população portuguesa.* (Dissertação de Mestrado Integrado não publicada). Faculdade de Psicologia e de Ciências da Educação da Universidade de Coimbra, Coimbra.

Simões, M. R. (2000). *Investigações no âmbito da aferição nacional do Teste das Matrizes Progressivas Coloridas de Raven* (M.P.C.R). Lisboa: Fundação Calouste Gulbenkian/ Fundação para a Ciência e a Tecnologia.

Stratton, P, Bland, J., Janes, E., & Lask, J. (2010). Developing a practicable outcome measure for systemic family therapy: The SCORE. *Journal of Family Therapy, 32,* 232-258. doi: 10.1111/j.1467-6427.2010.00507

Vilaça, M., Silva, J., & Relvas, A. P. (2014). Systemic Clinical Outcome Routine Evaluation (SCORE-15). In A. P. Relvas & S. Major (Coord.) (pp. 25-47), *Avaliação familiar: Funcionamento e intervenção* (Vol. I). Coimbra: Imprensa da Universidade de Coimbra.

Vilaça, M., de Sousa, B., Stratton, P., & Relvas, A. P. (2015). The 15-item Systemic Clinical Outcome and Routine Evaluation (SCORE-15) scale: Portuguese validation studies. *The Spanish Journal of Psychology, 18*, 1-10. doi: 10.1017/sjp.2015.95

WHOQOL Group. (1994). Development of the WHOQOL: Rationale and current status. *International Journal of Mental Health, 23*(3), 24-56. doi: 10.1080/00207411.1994.11449286

Twycross, R. (2003). *Introducing palliative care* (4th ed.). Oxford, England: Radcliffe Publishing.

Weber, J. (2011). *Individual and family stress and crises*. California: SAGE.

Wilmut, J. (1975). Objective test analysis: Some criteria for item selection. *Research in Education, 13*, 27-56.

Wong, J., Tong, D., Silva, D., Abrishami, A., & Chung, F. (2009). Development of the functional recovery index for ambulatory surgery and anestesia. *Anesthesiology, 110*(3), 596-602. doi: 10.1097/ALN.0b013e318197a16d

FAMÍLIA E DOENÇA

INVENTÁRIO DAS NECESSIDADES FAMILIARES
(FIN – VERSÃO PORTUGUESA)

Neide Areia
Sofia Major
Ana Paula Relvas

"The patient is now not alone in the diagnosis, but rather the family is being recognized, not only as a source of support for the patient, but in need of support as well."

(Veach, Nicholas, & Barton, 2012, p. 13)

Resumo

A doença oncológica tem, geralmente, um profundo impacto no sistema familiar, afetando cada um dos membros da família o que, por sua vez, pode ter repercussões no bem-estar do doente. Neste sentido, a identificação e satisfação das necessidades dos familiares, por parte dos profissionais de saúde, é crucial. O presente estudo visa adaptar e validar uma medida de avaliação da importância e satisfação das necessidades dos familiares de doentes oncológicos – *Family Inventory of Needs* (FIN; Kristjanson, Atwwod, & Degner, 1995; Fridriksdottir, Sigurdardottir, & Gunnarsdottir, 2006). O FIN é composto por 20 itens cotados segundo duas subescalas de cotação: Importância das Necessidades e Satisfação das Necessidades. Para o presente estudo, recorreu-se a uma amostra de 88 familiares de doentes com cancro em

DOI: https://doi.org/10.14195/978-989-26-1268-3_5

qualquer fase de evolução da doença. Os resultados desta investigação indicam que a maior parte das necessidades foram consideradas pelos familiares como muito importantes e satisfeitas ou parcialmente satisfeitas. O estudo de consistência interna dos itens do FIN revelou que para a subescala Importância das Necessidades se obteve um alfa de Cronbach de .89, o que nos remete para um bom índice de consistência interna. Já para a subescala Satisfação das Necessidades obteve-se um índice de fiabilidade muito bom (α = .91). A versão portuguesa do FIN constitui, assim, uma medida de avaliação da importância e satisfação das necessidades de familiares de doentes oncológicos, com boas características psicométricas que reforçam a sua aplicação quer na prática clínica, quer na investigação.

Palavras-chave: doença oncológica, familiares, necessidades, satisfação, FIN.

Abstract

Cancer has an important impact on family system, affects each family member and, consequently, the patient's wellbeing. Therefore, it seems crucial that healthcare professionals identify and satisfy the family needs. Knowing the importance of recognizing the family needs, within the context of chronic and fatal illness, this study aims to adapt and validate an inventory that measures the importance and satisfaction of family needs of cancer patients - Family Inventory of Needs (FIN; Kristjanson, Atwwod, & Degner, 1995; Fridriksdottir, Sigurdardottir, & Gunnarsdottir, 2006). The FIN has 20 items rated according to two subscales: Importance of Needs and Satisfaction of Needs. For this study, the sample was composed by 88 family members of cancer patients, whatever the disease's phase. The results show that almost all needs were considered to be at least important and satisfied or partly satisfied. The Importance of Needs subscale had a Cronbach alpha of .89 which shows a good internal consistency. The Satisfaction of Needs subscale showed a very good internal consistency (α = .91). FIN's Portuguese version is a measure of importance and satisfaction of cancer patients' family needs with good psychometric properties which show its applicability in both clinical and research context.

Keywords: oncologic disease, family, needs, satisfaction, FIN.

1. Instrumento
O que é, o que avalia e a quem se aplica?

No Quadro 1 encontra-se a ficha técnica relativa ao *Family Inventory of Needs* (FIN; Kristjanson, Atwwod, & Degner, 1995; Fridriksdottir, Sigurdardottir, & Gunnarsdottir, 2006).

Quadro 1.
Ficha técnica da FIN

O que é?	O Inventário das Necessidades Familiares é a versão portuguesa da versão modificada do *Family Inventory of Needs* (FIN), publicado em 2006, por Fridriksdottir, Sigurdardottir e Gunnarsdottir, em Reykjavik, na Islândia. A versão original do FIN foi publicada em 1995 por Kristjanson, Atwwod e Degner, 1995, em Manitoba, Canadá		
O que avalia?	O FIN consiste num questionário de auto-resposta, composto por 20 itens que avaliam as necessidades dos familiares de doentes oncológicos. Cada item é cotado segundo duas subescalas: Importância das Necessidades e Satisfação das Necessidades		
	Estrutura do FIN		
	Subescala	Número Itens	Descrição
	Importância das Necessidades	20	Avalia o grau de importância das necessidades
	Satisfação das Necessidades	20	Avalia a satisfação das necessidades percebidas como importantes
A quem se aplica?	A adaptação portuguesa do FIN aplica-se a adultos (> 18 anos) familiares de doentes oncológicos, em qualquer fase de evolução da doença. O instrumento foi originalmente desenvolvido para familiares de doentes oncológicos, numa fase avançada da doença (Kristjanson et al., 1995)		
Como ter acesso?	O acesso à versão portuguesa do FIN pode ser efetuado através da página http://www.uc.pt/fpce/avaliacaofamiliar, que contém todos os instrumentos de avaliação apresentados neste livro. Os utilizadores deverão facultar os contactos pessoais e institucionais, bem como dados acerca do propósito da utilização do instrumento (e.g., investigação, prática clínica) e concordar com as condições de utilização e de partilha dos resultados com os autores da versão portuguesa		

Fundamentação e história

A doença, a incapacidade e a morte são experiências universais para o sistema familiar (Forbat, McManus, & Haraldsdottir, 2012; Rolland, 2005). É um facto, amplamente aceite pela comunidade médica, doentes e seus familiares, que a doença crónica grave tem um importante impacto nos indivíduos e suas famílias (Forbat et al., 2012; Rolland, 1984), constituindo, muitas vezes, um dos maiores desafios da vida (Rolland, 2005). Assim, importa que o foco da intervenção não se esgote na cura da doença ou no controlo da sintomatologia. A intervenção deve, também, atender às eventuais dificuldades decorrentes da doença, aos indivíduos nela envolvidos (e.g., doente, família e restante rede), aos desafios psicossociais que se lhes impõem (Engel, 1977; Irwin & Ferris, 2008) e às necessidades experimentadas pelos doentes e seus familiares (Fridriksdottir et al., 2006, Kristjanson et al., 1995).

Como tal, atendendo a que a doença acontece na unidade familiar (Rolland, 1984, 1987, 2005) e alicerçados numa perspetiva sistémica e familiar, importa compreender, de forma aprofundada, quais as necessidades percebidas como importantes pelos elementos da rede familiar do doente, e qual o seu grau de satisfação face às mesmas.

Atualmente existe evidência empírica que demonstra que as famílias, cujas necessidades não são reconhecidas ou satisfeitas pelos profissionais de saúde, manifestam menor satisfação com a qualidade dos cuidados prestados e maiores níveis de *stress*, o que impede que funcionem de forma adaptativa e efetiva face a uma doença ameaçadora da vida. Assim, para que os profissionais de saúde possam responder às necessidades das famílias, importa que as consigam reconhecer e identificar de forma eficaz (Fridriksdottir et al., 2006, Kristjanson et al., 1995). Porém, não existe, ainda, consenso no que toca às necessidades percebidas como mais importantes pelos familiares de doentes com doença ameaçadora de vida, como é o caso da doença oncológica.

De uma revisão exaustiva da literatura, Stajduhar e Cohen (2009) concluíram que as necessidades dos familiares cuidadores de doentes oncológicos podem dividir-se em necessidades físicas, psicossociais, cognitivas, financeiras e de suporte (in)formal. Das necessidades físicas destacamos, por exemplo, a necessidade de fazer uma higiene do sono, de ajuda prática nas tarefas associadas à prestação de cuidados e de mais informação e esclarecimento sobre os procedimentos específicos a levar a cabo no cuidado ao doente. Na vertente psicossocial, enfatiza-se a necessidade de privacidade em casa, de prevenção de desenvolvimento de complicações psiquiátricas (e.g., depressão, ansiedade) e de isolamento. Das necessidades cognitivas, sublinham-se a importância de intervalos na prestação de cuidados – "respiro do cuidador" (Rolland, 1984, 1987, 2005) – e a ajuda no planeamento de tarefas complexas, tais como organizar a medicação e gerir os tratamentos do doente em casa. No que toca às necessidades financeiras, os cuidadores reportam a relevância da ajuda financeira para a compra da medicação e de equipamentos necessários ao tratamento (e.g., fraldas, sacos para ostomia) e para a prossecução das modificações necessárias a fazer em casa para assegurar a mobilidade e conforto do doente. Finalmente, relativamente às necessidades de suporte (in)formal, os cuidadores destacam a necessidade de que lhes seja reconhecido o seu sofrimento e estabelecida uma comunicação eficaz com as equipas de cuidados de saúde, família e amigos.

Por outro lado, com base nos resultados de um estudo que conduziram, Ewing e Grande (2012) propõem uma tipologia diferente das necessidades dos familiares. As necessidades dos cuidadores foram agrupadas em dois blocos: a) necessidades de suporte relacionado com a prestação de cuidados informais e b) necessidades de suporte relacionado com o próprio cuidador. Relativamente ao primeiro, os familiares mostram necessidade de ter um profissional de referência, informação sobre controlo de sintomas e administração da medicação, suporte na utilização de equipamentos, suporte nos cuidados pessoais ao doente, informação sobre a doença, informação sobre o processo de morte, informação facultada ao doente sobre a doença e sua progressão e suporte no momento da morte. No que diz respeito às necessidades relacionadas com o próprio cuidador, emergem aspetos como a importância de mais intervalos relativamente à prestação de cuidados, mais cuidados de saúde, mais informação sobre os direitos decorrentes da sua situação enquanto cuidadores informais, ajuda prática e suporte emocional e/ou espiritual.

No sentido de criar um instrumento para avaliar as necessidades dos familiares do doente oncológico, Kristjanson e colaboradores (1995) desenvolveram o *Family Inventory of Needs* (FIN). O FIN constitui uma medida de avaliação tanto da importância como da satisfação das necessidades dos familiares de doentes oncológicos. O FIN foi originalmente desenvolvido, a partir de uma amostra de 109 familiares de doentes oncológicos, numa fase de evolução da doença avançada e em cuidados paliativos. A versão original é constituída por 20 itens cotados em duas subescalas. Na primeira – Importância das Necessidades – cada um dos itens é cotado de 0 "Nada Importante" a 10 "Muito Importante". A segunda – Satisfação das Necessidades – tem duas opções de resposta, "Satisfeita" ou "Não Satisfeita" para as necessidades cotadas com 2 ou mais na subescala Importância das Necessidades. No estudo de validação da versão original da escala, esta apresentou um valor de coeficente de alfa de Cronbach de .83 para a subescala Importância das Necessidades. Neste primeiro estudo, não foi aferida a consistência interna da subescala Satisfação das Necessidades.

A versão islandesa do FIN, desenvolvida por Fridriksdottir e colaboradores (2006), surge a partir das limitações apontadas ao instrumento original e sugestões para estudos futuros propostas por Kristjanson e colaboradores (1995). Esta versão modificada apresenta diferenças ao nível das opções de resposta na subescala Importância das Necessidades - cada um dos itens é cotado de 1 "Nada Importante" a 5 "Muito Importante" – e na subescala Satisfação das Necessidades – cada um dos itens é cotado atendendo a três opções de resposta, "Satisfeita", "Satisfeita parcialmente" e "Não satisfeita". O estudo de adaptação da versão islandesa foi feito com base numa amostra de 67 familiares de doentes oncológicos, em qualquer fase de evolução da doença. Os resultados apresentam uma elevada consistência interna, com um valor de alfa de Cronbach de .92 na subescala Importância das Necessidades e de .96 na subescala Satisfação das Necessidades. Por outro lado, verificou-se que todas as necessidades (20) foram consideradas importantes (cotadas com 2 ou mais), com uma média a oscilar entre 3.86 e 4.93. As necessidades mais cotadas relacionavam-se com o cuidado ao doente e informação. Em contrapartida, as necessidades menos cotadas referiam-se ao bem-estar do próprio familiar respondente. Relativamente à satisfação das necessidades, 67% foram referidas como satisfeitas. As necessidades com maior grau de satisfação foram as relativas ao cuidado do paciente (86%) e à comunicação honesta (79%). As necessidades menos satisfeitas pelos profissionais de saúde estavam relacionadas com a informação sobre quando os sintomas podem ocorrer (38%) e informação sobre os sintomas (47%).

2. Estudos em Portugal
Como foi desenvolvido/adaptado e validado?

Estudos de tradução e adaptação[5]

Após o pedido formal de autorização, junto da autora da versão original do *Family Inventory of Needs* (FIN) para tradução e adaptação da escala, iniciou-se o processo de tradução-retroversão (Gjersing, Caplehorn, & Clausen, 2010), em setembro de 2012. Dois investigadores fluentes em português e com boa compreensão do inglês realizaram, de modo independente, a tradução da escala para a língua portuguesa. De seguida, um terceiro investigador com competências linguísticas semelhantes procedeu a uma tradução conciliadora das anteriores. O processo de retroversão foi concretizado por um professor de inglês. Comparou-se a retroversão com a versão original da escala e foram efetuados alguns ajustes na tradução conciliadora de modo a fazer coincidir a retroversão final com a escala original. Posteriormente procedeu-se ao estudo piloto da escala, com vista à validação semântica e verificação da adequação e

5 Os estudos de adaptação e validação do FIN encontram-se inseridos no projeto de Doutoramento da primeira autora, *Necessidades dos Familiares de Doentes Oncológicos Terminais em Cuidados Paliativos*, financiado com uma bolsa da Fundação para a Ciência e Tecnologia (SFRH/BD/86178/2012).

111

clareza das instruções, dos itens, e das duas escalas de cotação. Nesse sentido, 12 participantes, familiares de doentes oncológicos, preencheram a escala, tendo em atenção eventuais erros, desadequações ou ambiguidades na formulação dos itens. Nenhum item foi contestado. Por fim, a retroversão da escala foi enviada à autora da versão original que, após análise, anuiu a utilização e adaptação da escala para uma amostra de familiares de doentes oncológicos, em qualquer fase de evolução da doença.

Prosseguiram-se, de seguida, os estudos de adaptação e validação do FIN em março de 2013. O protocolo de avaliação utilizado no presente estudo envolveu, para além do FIN, um questionário de dados sociodemográficos e uma medida de validade convergente: a versão breve da Qualidade de Vida (QOL) (Olson & Barnes, 1982; versão reduzida de Almeida, Cunha, & Relvas, 2013; cf. Capítulo 4), que avalia a perceção da qualidade de vida familiar, através de 20 itens, agrupados em quatro dimensões (Família, Amigos e Saúde; Tempo; Média e Comunidade; e Bem-Estar Financeiro) (Almeida, 2013). O sujeito responde aos itens segundo uma escala do tipo *Likert* de 5 pontos (de "Insatisfeito" a "Extremamente satisfeito"). O desenvolvimento da versão reduzida do QOL teve por base a versão portuguesa de 40 itens previamente adaptada para a população portuguesa (Simões, 2008), tendo sido realizados, para esse efeito, estudos de validade e de fiabilidade. A versão breve do QOL apresenta os seguintes valores para o coeficiente alfa de Cronbach, em cada uma das suas dimensões: fator 1: α = .75; fator 2: α = .89; fator 3: α = .81; fator 4: α = .88 (cf. Capítulo 4).

No sentido de dar seguimento à recolha da amostra (que decorreu de março de 2013 a março de 2015) foram estabelecidos contactos informais com algumas instituições médicas e associações, de forma a averiguar-se a disponibilidade e interesse das mesmas para a participação no estudo. Procedeu-se, de seguida, à formalização dos pedidos de autorização para os conselhos de administração e comissões de ética (um total de 47 pedidos: três hospitais oncológicos, oito hospitais gerais, cinco unidades de cuidados continuados, uma unidade de saúde privada e 30 associações de apoio a doentes e familiares). No total foram obtidas quatro autorizações para a recolha da amostra (Hospital de Braga, Hospital de Beja, Hospital de Cantanhede e Instituto Português de Oncologia de Coimbra).

Para se proceder à constituição da amostra, consideraram-se os seguintes critérios de inclusão/ exclusão: a) ser familiar de um doente oncológico em qualquer fase de evolução da doença (e.g., cônjuge, filho/a, irmão/ã, pai, mãe, neto/a, primo/a), b) ter mais de 18 anos, c) saber ler e escrever, e d) não apresentar psicopatologia não compensada. Para efeitos de administração do protocolo, um elemento da equipa hospitalar (e.g., médico, enfermeiro, psicólogo), apresentava o estudo ao familiar acompanhante do doente e averiguava a disponibilidade em preencher o protocolo de investigação. No caso de manifestar essa disponibilidade, os familiares eram dirigidos para uma sala reservada para o efeito e, acompanhados pela investigadora, procediam ao preenchimento do protocolo, após esclarecimento de objetivos, garantia do anonimato e confidencialidade dos dados e assinatura do documento de consentimento informado.

Numa primeira fase, foi levado a cabo por Costa (2014) um primeiro estudo exploratório com o FIN com o objetivo de explorar algumas propriedades psicométricas do instrumento (N = 41). Verificou-se, assim, que a maior parte das necessidades foram consideradas muito importantes e satisfeitas. No que toca à consistência interna, obteve-se um elevado coeficiente de alfa de Cronbach para a subescala Importância das Necessidades (α = .90) e para a subescala Satisfação das Necessidades (α = .93).

Para o presente estudo, a amostra é composta por 88 sujeitos, maioritariamente do sexo feminino (69.3%), com idades compreendidas entre os 18 e os 82 anos e uma média de idades de 46.72 (DP = 15.96). A escolaridade dos participantes é muito diversificada, sendo o 3.º ciclo do ensino básico a mais comum (26.1%). Quanto ao estado civil, a maioria é casada (68.2%). Relativamente à região de residência, a maioria dos sujeitos reside na região centro do país (60.2%), mais especificamente, no distrito de Coimbra (34.1%) (cf. Quadro 2).

No que diz respeito à prestação de cuidados, mais de metade dos sujeitos considera ser o cuidador principal do doente (62.5%). Mais de 11 horas diárias são dispensadas no cuidado ao doente, por parte de 33% da amostra. Os sujeitos são, maioritariamente, filhos (38.6%) ou cônjuges (31.8%) do doente.

Quadro 2.
Caracterização da amostra (familiares)

		Frequência (*n*)	Percentagem (%)
Sexo	Masculino	27	30.7
	Feminino	61	69.3
Faixa etária	18-29	12	13.6
	30-39	22	25.0
	40-49	18	20.4
	50-59	14	15.9
	60-69	16	18.2
	70-82	6	6.8
Escolaridade	Sem escolaridade	1	1.1
	1º Ciclo do ensino básico	19	21.6
	2º Ciclo do ensino básico	7	8.0
	3º Ciclo do ensino básico	23	26.1
	Ensino secundário	19	21.6
	Ensino superior	19	21.6
Estado civil	Solteiro	19	21.6
	Casado/União de facto	60	68.2
	Recasado	1	1.1
	Divorciado	6	6.8
	Viúvo	2	2.3
Região	Norte	20	22.7
	Centro	53	60.2
	Sul	15	17.0
Distrito	Aveiro	8	9.1
	Beja	14	15.9
	Braga	20	22.7
	Coimbra	30	34.1
	Castelo Branco	2	2.3
	Guarda	1	1.1
	Leiria	6	6.8
	Lisboa	1	1.1
	Portalegre	1	1.1
	Santarém	2	2.3
	Viseu	3	3.4

Cuidador	Principal	55	62.5
	Secundário/Não cuidador	33	37.5
	1 a 2 horas	9	10.2
Horas	3 a 5 horas	16	18.2
de cuidados	6 a 8 horas	9	10.2
(diárias)	9 a 11 horas	6	6.8
	Mais de 11 horas	29	33.0
	Não presta cuidados	19	21.6
Relação com	Filho/a	34	38.6
o doente	Cônjuge	28	31.8
	Outra	26	29.5

Quanto aos doentes, estes têm em média 62.88 anos (DP = 15.59), com idades compreendidas entre os 21 e os 86 anos. O diagnóstico oncológico é diversificado, sendo o cancro de mama (25.0%) e o cancro do cérebro (11.4%) os mais comuns. Para 76.1% dos doentes, a prestação de cuidados é feita em contexto ambulatório. Mais de metade dos doentes recebeu o diagnóstico há menos de um ano (62.5%) (cf. Quadro 3).

Quadro 3.
Caracterização da amostra (doente e doença)

		Frequência (n)	Percentagem (%)
	21-29	4	4.5
	30-39	3	3.4
	40-49	9	10.2
Faixa etária	50-59	14	15.9
	60-69	26	29.5
	70-79	19	21.6
	80-86	13	14.8
Contexto de prestação de cuidados	Internamento	21	23.9
	Ambulatório	67	76.1
	0 a 1 anos	55	62.5
	2 a 4 anos	24	27.3
Tempo desde o diagnóstico	5 a 7 anos	5	5.7
	8 a 10 anos	3	3.4
	Mais de 11 anos	1	1.1

		11	12.5
Fase da Doença	Crise	11	12.5
	Crónica	29	33.0
	Recidiva	4	4.5
	Terminal	40	45.5
	Remissão	4	4.5

Estudos de análise de itens: Estatísticas descritivas

No Quadro 4 encontram-se os resultados referentes às estatísticas descritivas para os 20 itens do FIN (subescala da Importância das Necessidades).

Quadro 4.
Estatísticas descritivas: Itens do FIN na subescala Importância das Necessidades

Item	M	DP	Mín-Máx	Assimetria	Curtose
1	4.66	0.57	3-5	-1.44	1.16
2	4.68	0.54	3-5	-1.46	1.25
3	4.78	0.47	3-5	-2.08	3.70
4	4.80	0.46	3-5	-2.19	4.26
5	4.81	0.45	3-5	-2.32	4.89
6	4.80	0.46	3-5	-2.19	4.26
7	4.74	0.58	2-5	-2.49	6.67
8	4.68	0.64	2-5	-2.10	4.14
9	4.58	0.78	2-5	-1.88	2.77
10	4.87	0.33	4-5	-2.31	3.40
11	4.72	0.64	2-5	-2.59	6.93
12	4.57	0.71	2-5	-1,54	1.60
13	4.70	0.59	3-5	-1.88	2.43
14	4.68	0.62	2-5	-2.09	4.39
15	4.55	0.86	2-5	-1.77	2.00
16	4.75	0.61	1-5	-3.52	16.42
17	4.61	0.69	2-5	-1.96	3.85
18	4.28	1.13	1-5	-1.55	1.32
19	3.84	1.29	1-5	-0.83	-0.49
20	4.10	1.16	1-5	-1.17	0.33

De acordo com o Quadro 4, o item 10 "Estar seguro(a) de que o melhor ..." é o que apresenta a média mais elevada (*M* = 4.87, *DP* = 0.33).

Por sua vez, o item com a média mais baixa (M = 3.84, DP = 1.29) é o item 19 "Ter alguém que se...". Relativamente à amplitude, apenas os itens 16, 18, 19 e 20 atendem a toda a amplitude da escala de cotação (1 – "Nada importante" a 5 – "Extremamente importante"). Analisando os valores referentes à assimetria (cf. Quadro 4), observa-se que todos os itens apresentam um valor negativo e que os itens 5, 7, 11 e 16 são aqueles que se afastam mais de zero. Relativamente aos valores da curtose, verifica-se que o maior afastamento na distribuição dos resultados está também ao nível dos itens 5, 7, 11 e 16.

No Quadro 5 encontram-se os resultados referentes ao estudo de frequências dos itens da subescala Satisfação das Necessidades.

Quadro 5.
Estudo de frequências: Itens do FIN na subescala Satisfação das Necessidades

Item	Satisfeita		Satisfeita Parcialmente		Não Satisfeita	
	n	%	n	%	n	%
1	60	68.2	24	27.3	4	4.5
2	50	56.8	24	27.3	14	15.9
3	69	78.4	14	15.9	5	5.7
4	58	65.9	21	23.9	9	10.2
5	63	71.6	19	21.6	6	6.8
6	59	67.0	25	28.4	4	4.5
7	61	69.3	20	22.7	6	6.8
8	61	69.3	18	20.5	9	10.2
9	46	52.3	21	23.9	20	22.7
10	68	77.3	14	15.9	6	6.8
11	52	59.1	26	29.5	10	11.4
12	42	47.7	30	34.1	16	18.2
13	49	55.7	19	21.6	20	22.7
14	55	62.5	22	25.0	11	12.5
15	53	60.2	21	23.9	14	15.9
16	54	61.4	13	14.8	20	22.7
17	73	83.0	12	13.6	2	2.3
18	57	64.8	13	14.8	16	18.2
19	45	51.1	21	23.9	19	21.6
20	37	42	29	33.0	21	23.9

De todas as necessidades, as que atingiram um maior grau de satisfação (itens cotados com "Satisfeita") foram as correspondentes aos itens 17 "Sentir-me aceite pelos ..."; (83.0%, n = 73), 3 ("Sentir que os profissionais

..." (78.4%, n = 69) e 10 "Estar seguro(a) de que ..." (77.3%, n = 68). Os itens 20 "Ser informado(a) sobre ..." (23.9%, n = 21), 16 "Ter informação do que ..." (22.7%, n =20), 13 "Saber o resultado provável ..." (22.7%, n = 20) e 9 "Sentir que há ..." (22.7%, n = 20) foram os que obtiveram uma percentagem maior de não satisfação (itens cotados com "Não Satisfeita").

Estudos de precisão: Consistência interna dos itens do FIN

Para o presente estudo foi realizada uma análise de consistência interna para as duas subescalas do FIN – Importância das Necessidades e Satisfação das Necessidades – seguindo o procedimento adotado por Fridriksdottir e colaboradores (2006).

Para a subescala Importância das Necessidades, obtivemos um coeficiente de alfa de Cronbach de .88, o que nos remete para um bom índice de consistência interna (Pestana & Gageiro, 2008). De forma a verificar se a eliminação de algum item levaria a um aumento do valor do alfa de Cronbach, foi realizado um estudo de correlação corrigida para cada item do FIN com o total da escala (cf. Quadro 6). Apenas o item 18 "Ter ajuda nos..." apresenta uma correlação inferior a .30. Porém, a sua remoção traduziria apenas um ligeiro aumento do valor do coeficiente alfa de Cronbach para o total da escala, pelo que se optou por manter o item nesta fase dos estudos.

Quadro 6.
Estudo de consistência interna dos itens do FIN (Subescala Importância das Necessidades)

Itens	Correlação item-total corrigida	Alfa com eliminação do item
1	.642	.873
2	.665	.873
3	.514	.877
4	.705	.874
5	.564	.877
6	.749	.873
7	.671	.873
8	.728	.870
9	.342	.882
10	.536	.879
11	.649	.872
12	.738	.869

13	.762	.870
14	.602	.874
15	.446	.879
16	.478	.877
17	.507	.876
18	.267	.891
19	.313	.892
20	.353	.887

No que diz respeito ao estudo de consistência interna para a subescala Satisfação das Necessidades, obteve-se um coeficiente de alfa de Cronbach de .91 o que, segundo Pestana e Gageiro (2008), corresponde a um índice de fiabilidade muito bom. Um estudo mais detalhado, das correlações corrigidas item-total e dos valores dos coeficientes alfa com eliminação do item, mostrou que nenhum item apresentava um funcionamento psicométrico desajustado, uma vez que todos os itens da subescala Satisfação das Necessidades apresentam correlações com o total da escala superiores a .30, a oscilar entre .349 e .673 (cf. Quadro 7).

Quadro 7.
Estudo de consistência interna dos itens do FIN (Subescala Satisfação das Necessidades)

Itens	Correlação item-total corrigida	Alfa com eliminação do item
1	.633	.900
2	.470	.904
3	.576	.902
4	.651	.899
5	.627	.900
6	.661	.900
7	.518	.903
8	.673	.899
9	.349	.908
10	.484	.903
11	.624	.900
12	.668	.899
13	.631	.900
14	.668	.899
15	.469	.904
16	.462	.904
17	.614	.902
18	.351	.908
19	.415	.906
20	.589	.901

Estudo de validade convergente entre o FIN e o QOL

Na presente investigação foi realizado um estudo de validade convergente, entre o FIN e o QOL (versão reduzida), de forma a avaliar a existência de uma associação entre o grau de importância das necessidades familiares e a qualidade de vida familiar, bem como a direção e magnitude dessa mesma associação. De acordo com a análise do Quadro 8, nenhuma correlação alcança o limiar de significância estatística ($p > .05$). Assim parece que, na presente amostra, as necessidades dos familiares de doentes oncológicos, não se relacionam com a perceção da qualidade de vida familiar dos participantes.

Quadro 8.
Coeficiente de correlação de Pearson: QOL e resultado total da subescala Importância das Necessidades do FIN

Dimensões QOL	Importância das Necessidades FIN	
	r	p
Família, Saúde e Amigos	.108	.579
Tempo	.000	1.000
Média e Comunidade	-.014	.937
Bem-Estar Financeiro	.257	.120
Total QOL	.185	.336

3. Aplicação
Como aplicar, cotar e interpretar?

O material necessário para a aplicação do FIN (versão portuguesa) é apenas a versão em papel do questionário e uma caneta. A aplicação do FIN requer que o sujeito cote cada um dos 20 itens, no que respeita ao grau de importância das necessidades (coluna correspondente à subescala Importância das Necessidades) e subsequente satisfação das necessidades (coluna correspondente à subescala Satisfação das Necessidades).

Relativamente à subescala Importância das Necessidades, os itens são cotados numa escala de tipo *Likert*, de 1 ("Nada importante") a 5 ("Extremamente importante"). Se o sujeito cotar um item com 2 (Pouco importante) ou mais, deve preencher, na coluna correspondente à Satisfação das Necessidades, se a necessidade foi Satisfeita, Satisfeita parcialmente ou Não satisfeita.

Para exemplificar o sistema de cotação do FIN, na Figura 1 encontram--se representadas duas situações. No primeiro caso, o sujeito cotou o item 1, na subescala Importância das Necessidades, com 4 "Muito importante". Por conseguinte, preencheu a subescala Satisfação das Necessidades, em que considerou a necessidade "Satisfeita parcialmente". Já no item 2, na subescala Importância das Necessidades, o sujeito cotou a necessidade com 1 "Nada importante". Deste modo, por não ter considerado a necessidade importante, não respondeu na subescala Satisfação das Necessidades. Uma vez que se trata de um inventário, cada item é cotado individualmente, não havendo um resultado total (cf. Quadros 4 e 5). Assim, quanto maior a cotação na escala de Importância das Necessidades, mais importante é considerada a referida necessidade.

		Chave de Respostas		
	(1) Nada Importante (2) Pouco Importante (3) Moderadamente Importante (4) Muito Importante (5) Extremamente Importante	Se cotou algum item com 2 ou mais, assinale se a necessidwade foi satisfeita, satisfeita parcialmente, não satisfeita.		
Tenho necessidade de:	Cotação de 1 a 5	Satisfeita	Satisfeita Parcialmente	Não Satisfeita
1. Ter as minhas questões...	1 ☐ 2 ☐ 3 ☐ 4 ✓ 5 ☐		✓	
2. Saber factos específicos ...	1 ✓ 2 ☐ 3 ☐ 4 ☐ 5 ☐			

Figura 1. Cabeçalho e exemplo de itens do FIN.

4. Vantagens, limitações e estudos futuros

A adaptação da versão modificada do FIN, para a população portuguesa, disponibiliza uma medida de avaliação da importância e satisfação das necessidades dos familiares de doentes oncológicos, em qualquer fase da evolução da doença.

Um maior reconhecimento e satisfação das necessidades dos familiares de doentes crónicos, com doença ameaçadora de vida, estão associados a uma maior satisfação relativa aos cuidados prestados pelos profissionais de saúde, menores níveis de *stress* e a uma melhor adaptação individual e familiar à doença (Kristjanson et al., 1995). Por conseguinte, o FIN constitui uma medida das necessidades familiares que se reveste de utilidade na prática clínica e investigação (Fridriksdottir et al., 2006, Kristjanson et al., 1995).

O estudo apresenta mais-valias a destacar. A investigação tem-se centrado na experiência dos doentes face a um diagnóstico oncológico. Embora menos frequentemente, têm surgido alguns estudos que visam explorar a experiência dos cuidadores informais principais destes doentes. Porém, os estudos focados na experiência dos outros familiares são muito escassos. Por este motivo, este estudo vem explorar uma área insuficientemente investigada, ao visar aprofundar o conhecimento das necessidades dos familiares, independentemente do papel desempenhado na prestação de cuidados, de doentes oncológicos. Por outro lado, vem contribuir com uma medida de avaliação, pioneira em Portugal, da importância e satisfação das necessidades dos familiares de doentes com diagnóstico de cancro.

As limitações deste estudo de adaptação do FIN prendem-se, sobretudo, com as características da amostra (amostra não probabilística de conveniência e não estratificada e de dimensão relativamente reduzida). Importa, porém, salientar que o acesso a esta população – familiares de doentes oncológicos – se revelou particularmente difícil (e.g., sofrimento emocional intenso, sobrecarga associada ao acompanhamento do doente, morosidade na resposta das instituições hospitalares relativamente às autorizações para a prossecução do estudo).

Futuramente seria interessante desenvolver estudos que analisem a influência das necessidades percebidas e sua satisfação na adaptação individual (e.g., sintomatologia psiquiátrica, luto antecipatório, qualidade de vida) e familiar (e.g., funcionamento e *coping* familiar). Por outro lado, é fundamental identificar eventuais diferenças, na perceção e satisfação das necessidades em diferentes fases da evolução da doença (crise, crónica, terminal), diferentes contextos de prestação de cuidados (domicílio, internamento) e diferentes diagnósticos oncológicos (e.g., mama, cérebro, pulmão, leucemia). Pode, igualmente, ser útil analisar os resultados do FIN com familiares de sujeitos com outros diagnósticos de doença crónica ameaçadora da vida (e.g., insuficiências de órgão, doença de Alzheimer, síndrome da imunodeficiência adquirida).

5. Bibliografia

Almeida, S. (2013). *Escala de Qualidade de Vida Familiar (Quality of Life - QOL): Desenvolvimento de uma versão reduzida para a população portuguesa*. Dissertação de Mestrado Integrado (não publicada), Faculdade de Psicologia e de Ciências da Educação da Universidade de Coimbra, Portugal.

Costa, A. (2014). *Necessidades dos familiares de doentes oncológicos: Estudo exploratório para a adaptação e validação do Family Inventory of Needs*. Dissertação de Mestrado Integrado, Faculdade de Psicologia e de Ciências da Educação da Universidade de Coimbra, Portugal. Acedido em https://estudogeral.sib.uc.pt/handle/10316/27633.

Engel, G. (1977). The need for a new medical model: A challenge for biomedicine. *Science, 196*(4286), 129-136.

Ewing, G., & Grande, G. (2012). Development of a Carer Support Needs Assessment Tool (CSNAT) for end-of-life care practice at home: A qualitative study. *Palliative Medicine, 27*(3), 244-256. doi: 10.1177/0269216312440607

Forbat, L., McManus, E., & Haraldsdottir, E. (2012). Clinical implications for supporting caregivers at the end-of-life: Findings and from a qualitative study. *Contemporary Family Therapy, 34*, 282-292. doi: 10.1007/s10591-012-9194-6

Fridriksdottir, N., Sigurdardottir, V., & Gunnarsdottir, S. (2006). Important needs of families in acute and palliative care settings assessed with the Family Inventory of Needs. *Palliative Medicine, 20*, 425-432. doi: 10.1191/0269216306pm1148oa

Gjersing, L., Caplehorn, J., & Clausen, T. (2010). Cross-cultural adaptation of research instruments: Language, setting, time and statistical considerations. *BMC Medical Research Methodology, 10*(13), 101-110. doi: 10.1186/1471-2288-10-13

Irwin, S., & Ferris, F. (2008). The opportunity for psychiatry in palliative care. *Canadian Journal of Psychiatry, 53*(11), 713-724.

Kristjanson, L., Atwood, J., & Degner, L. (1995). Validity and reliability of the Family Inventory of Needs (FIN): Measuring the care needs of families of advanced cancer patients. *Journal of Nursing Measurement, 3*(2), 109-126.

Pestana, M. H., & Gageiro, J. (2008). *Análise de dados para ciências sociais - A complementaridade do SPSS* (5ª ed.). Lisboa: Sílabo.

Rolland, J. (1984). Toward a psychosocial typology of chronic and life-threatening illness. *Family Systems Medicine, 2*(3), 245-262.

Rolland, J. (1987). Family illness paradigms: Evolution and significance. *Family Systems Medicine, 5*(4), 482-503.

Rolland, J. (2005). Cancer and the family: An integrative model. *Cancer, 104*(S11), 2584-2595. doi: 10.1002/cncr.21489

Simões, J. (2008). *Qualidade de Vida: Estudo de validação para a população portuguesa.* Dissertação de Mestrado Integrado (não publicada), Faculdade de Psicologia e de Ciências da Educação da Universidade de Coimbra, Portugal.

Stajduhar, K., & Cohen, R. (2009). Family caregiving in the home. In P. Hudson, & S. Payne (Eds.). *Family carers in palliative care. A guide for health and social care professionals.* (pp. 149-168). New York: Oxford University Press.

Veach, T., Nicholas, D., & Barton, M. (2012). *Cancer and the family life cycle.* New York: Routledge.

INVENTÁRIO DO LUTO PARA OS CUIDADORES DE MARWIT-MEUSER - FORMA REDUZIDA (MMCGI-SF)

Neide Areia
Sofia Major
Ana Paula Relvas

"The anticipation of loss in physical illness can be as challenging and painful for families as the death of a family member."

(Rolland, 1990, p. 229)

Resumo

A doença oncológica traduz-se, frequentemente, num impacto significativo, não apenas para o doente mas, também, para todo o sistema familiar. Ao longo do ciclo de evolução da doença, o doente e sua família confrontam-se com perdas sucessivas que originam processos de luto antecipatório. Atendendo à relevância da compreensão do luto em familiares de doentes oncológicos, o presente estudo consiste na adaptação e validação do *Marwit-Meuser Caregiver Grief Inventory - Short Form* (MMCGI-SF; Marwit & Meuser, 2005) a uma amostra portuguesa, constituída por 88 familiares de doentes com cancro em qualquer fase de evolução da doença. O MMCGI-SF é uma medida da experiência de luto antecipatório, constituída por 18 itens. Foi levado a cabo um estudo de análise fatorial exploratória tendo sido encontrados três fatores, não

DOI: https://doi.org/10.14195/978-989-26-1268-3_6

equivalentes à versão original. Relativamente aos estudos de consistência interna, obteve-se um bom coeficiente de alfa de Cronbach (α = .89) para a escala total. Foram analisadas as diferenças ao nível do resultado total no MMCGI-SF entre dois grupos de familiares de doentes em duas fases de tratamento da doença, ativo e paliativa, bem como entre grupos de familiares cuidadores principais e familiares não cuidadores. Os resultados apontaram para a inexistência de diferenças estatisticamente significativas. A versão portuguesa da MMCGI-SF representa, assim, uma medida de avaliação da experiência do luto antecipatório, enriquecedora do conjunto de instrumentos de avaliação da adaptação dos familiares/ cuidadores à doença crónica grave, disponíveis em Portugal, com características psicométricas satisfatórias que permitam a sua aplicação quer em contexto clínico, quer em investigação.

Palavras-chave: doença oncológica, familiares, luto antecipatório, avaliação, MMCGI-SF.

Abstract

Frequently, the oncologic disease has a profound impact not only on the patient, but also on the family systems. Through the illness' trajectory, patient and family face multiple losses that may originate experiences of anticipatory grief. Due to the importance of understand the grief experience of relatives of cancer patients, this study aims to adapt and validate the *Marwit-Meuser Caregiver Grief Inventory - Short Form* (MMCGI-SF; Marwit & Meuser, 2005) to a Portuguese sample of 88 relatives of cancer patients, whatever the disease phase. The MMCGI-SF measures the anticipatory grief experience and has 18 items. An exploratory factor analysis was conducted in which three factors were found, not equivalent to the original version. The results of the internal consistency study, shows a good Cronbach alpha (α = .89) for the total scale. Differences in the MMCGI –SF total score for the groups of relatives of patients in active treatment phase and palliative care phase of the disease, as well as for the groups of primary family caregivers and non-caregivers were conducted. The results show that there were no statistically significant differences. The MMCGI-SF Portuguese version represents a measure of anticipatory grief, enriching the tools available that measures de relatives/caregivers adjustment to the chronic fatal disease, available in Portugal, with satisfactory psychometric characteristics that justify the use of it in clinical or research context.

Keywords: oncologic disease, relatives, anticipatory grief, assessment, MMCGI-SF.

1. Instrumento
O que é, o que avalia e a quem se aplica?

No Quadro 1 encontra-se a ficha técnica relativa ao *Marwit-Meuser Caregiver Grief Inventory – Short Form* (MMCGI-SF; Marwit & Meuser, 2005).

Quadro 1.
Ficha técnica do MMCGI-SF

O que é?	O Inventário do Luto para os Cuidadores de Marwit-Meuser (Forma Reduzida) é a versão portuguesa da *Marwit-Meuser Caregiver Grief Inventory – Short Form* (MMCGI-SF), publicada em 2005, por Samuel Marwit e Thomas Meuser, em Washington, Estados Unidos da América. A versão original da MMCGI foi publicada em 2002

A MMCGI-SF consiste num questionário de auto-resposta, composto por 18 itens que avaliam a experiência de luto antecipatório nos familiares cuidadores de doentes oncológicos. Os 18 itens encontram-se repartidos por três dimensões: Sobrecarga e Sacrifício Pessoal, Sentimento de Tristeza e Saudade e Preocupação e Sentimento de Isolamento

	Estrutura da MMCGI-SF (versão original)		
	Subescala	Número Itens	Descrição
O que avalia?	Sobrecarga e Sacrifício Pessoal	6	Avalia as perdas (e.g., liberdade, independência) do indivíduo, experimentadas na sequência do acompanhamento do familiar doente
	Sentimento de Tristeza e Saudade	6	Avalia a experiência de reações emocionais (e.g., tristeza, sentimento de impotência) decorrentes do acompanhamento do familiar doente
	Preocupação e Sentimento de Isolamento	6	Avalia o grau de incerteza relativamente à evolução da doença e isolamento relativo à rede social pessoal

A quem se aplica?	A adaptação portuguesa da MMCGI-SF aplica-se a adultos (> 18 anos) familiares de doentes oncológicos em qualquer fase de evolução da doença. O inventário foi originalmente desenvolvido para cuidadores informais de doentes com Alzheimer (Marwit & Meuser, 2002, 2005), tendo já sido validado junto de cuidadores de doentes com lesão cerebral (Marwit & Kaye, 2006) e de cuidadores de doentes oncológicos (Marwit, Chibnall, Dougherty, Jenkins, & Shawgo, 2008)
Como ter acesso?	O acesso à versão portuguesa da MMCGI-SF pode ser efetuado através da página http://www.uc.pt/fpce/avaliacaofamiliar que contém todos os instrumentos de avaliação apresentados neste livro. Os utilizadores deverão facultar os contactos pessoais e institucionais, bem como dados acerca do propósito da utilização do instrumento (e.g., investigação, prática clínica) e concordar com as condições de utilização e de partilha dos resultados com os autores da versão portuguesa

Fundamentação e história

A aproximação da morte, na sequência de uma doença crónica grave e progressiva afeta todo o sistema familiar (Tercero, 2002; Walsh & McGoldrick, 2004). Envolve múltiplas perdas, não só de um membro do sistema, mas também de papéis e relações, de uma unidade familiar intacta, bem como, o desaparecimento de esperanças, sonhos e projetos para todos os membros da família. Assim, é expectável que a morte, factual ou eminente, seja considerada o desafio mais difícil que o sistema familiar tem de enfrentar (Walsh & McGoldrick, 2004).

Neste sentido, a morte na família representa um fenómeno multidimensional (Gilbert, 1996), relacional e, ao mesmo tempo, individual, em que cada elemento da família experimenta o seu próprio luto (Wedemeyer, 1986). Importa entender o luto enquanto uma resposta intra e interpessoal, em que cada elemento do sistema sofre no contexto familiar (Gilbert, 1996) e a sua resposta influencia a do sistema e vice-versa (Brown, 1995; Kissane et al., 1996; Kissane & Bloch, 2002; Moos, 1995; Walsh & McGoldrick, 2004). Neste sentido, o luto familiar deve ser entendido com base no conhecimento dos fatores individuais e relacionais que operam simultaneamente e influem, naturalmente, na resposta familiar à perda. Em suma, o luto na família consiste numa experiência individual, de cada membro da família, num contexto relacional e social que é a própria família (Gilbert, 1996). O indivíduo, perante a morte do familiar, constrói a sua interpretação e perceção, que será influenciada pela cultura na qual está inserido, pela história familiar e funcionamento da família nuclear. Assim, a perceção de cada elemento da família influirá nos padrões de interação familiar que serão, necessariamente, alterados e constituirão a resposta familiar ao luto. Perante este fenómeno, a família ativa as suas estratégias de *coping* a fim de responder efetivamente à perda e recuperar o equilíbrio do sistema (Moos, 1995).

Perante o diagnóstico de uma doença ameaçadora da vida, e durante todo o curso da mesma, doente e familiares tendem a experimentar um processo de luto antecipatório (Guldin, Vedsted, Zachariae, Olesen, & Jensen, 2012; Rolland, 1990), cuja expressão pode exacerbar-se aquando da progressão visível da doença ou aquando da comunicação de más notícias relacionadas com o prognóstico do doente (Lichtenthal, Prigerson, & Kissane, 2010).

O luto antecipatório foi definido pela primeira vez por Lindemann (1944), reportando-se a uma convencional experiência de luto, aquando da existência de uma ameaça de morte (e.g., soldado na guerra). Assim, o indivíduo preocupado com o seu ajustamento à potencial morte de alguém que lhe seja significativo elabora todo um trabalho de luto; poderá manifestar sintomatologia depressiva, preocupação excessiva com a forma de morte do doente e antecipação da forma de ajustamento à sua ausência. Para este autor se, por um lado, experienciar um luto antecipatório pode servir de "amortecedor" face ao impacto da morte aquando da sua ocorrência, por outro, a elaboração completa deste tipo de luto pode criar distanciamento entre o enlutado e seu significativo (Lindemann, 1944). Sabemos atualmente que, ao descrever este fenómeno, Lindemann (1944) se referia à experiência de um luto prematuro (Zilberfein, 1999; Zisook, 2000 citado por Grassi, 2007).

Mais recentemente, Grassi (2007) define luto antecipatório como uma forma de a família, ao antecipar a perda do seu membro, se preparar para trabalhar o trauma da morte e o seu ajustamento após a ocorrência da mesma. Por outras palavras, o luto antecipatório consiste na experiência de um processo de luto antes da ocorrência da morte (Reynolds & Botha, 2006).

Apenas recentemente se tem dado relevância à experiência de luto antes da ocorrência da morte. Nesta linha, Marwit e Meuser (2002) desenvolveram o *Marwit-Meuser Caregiver Grief Inventory* (MMCGI) para avaliar a experiência de luto nos cuidadores de doentes com Alzheimer. Dos estudos de análise fatorial, resultou um instrumento composto por 50 itens, divididos em três dimensões: Sobrecarga e Sacrifício Pessoal (18 itens), Sentimento de Tristeza e Saudade (15 itens) e Preocupação e Sentimento de Isolamento (17 itens). O MMCGI foi desenvolvido a partir de uma amostra de 166 cuidadores de doentes com Alzheimer, sendo que 135 eram mulheres e apenas 31 eram homens. O instrumento apresentou um coeficiente de alfa de Cronbach de .96 para a escala total. Relativamente às subescalas, todas apresentaram um alfa de Cronbach de .90 ou superior (Sobrecarga e Sacrifício Pessoal = .93; Sentimento de Tristeza e Saudade = .90; Preocupação e Sentimento de Isolamento = .90).

O MMCGI foi, ainda, aplicado a 28 cuidadores de doentes com lesão cerebral, tendo um índice de fiabilidade superior a .90 ao nível da escala total e subescalas (Marwit & Kaye, 2006). Finalmente, também com a finalidade de avaliar as características psicométricas do MMCGI aquando da sua utilização com cuidadores de doentes oncológicos, foi desenvolvido um estudo junto de uma amostra de 75 sujeitos cuidadores de doentes neoplásicos. Verificou-se, também para esta amostra, que os itens do MMCGI apresentam um elevado nível de consistência interna ao considerar a totalidade da escala (α = .96) e respetivas subescalas (Sobrecarga e Sacrifício Pessoal = .95; Sentimento de Tristeza e Saudade = .94; e Preocupação e Sentimento de Isolamento = .90). Importa destacar que os cuidadores de doentes oncológicos revelaram índices de luto inferiores aos cuidadores de doentes com lesão cerebral e cuidadores de doentes com Alzheimer (Marwit et al., 2008).

Com a finalidade de reduzir o tempo de preenchimento do instrumento e, no sentido de facilitar a sua integração em protocolos mais longos, foi desenvolvida uma versão reduzida do MMCGI. O *Marwit Meuser Caregiver Grief Inventory – Short Form* (MMCGI-SF; Marwit & Meuser, 2005) é uma medida da experiência de luto antecipatório e é constituído por 18 itens. Cada item é cotado de acordo com uma escala do tipo *Likert* com cinco níveis de resposta: 1 = "Discordo fortemente"; 2 = "Discordo";

3 = "Concordo moderadamente"; 4 = "Concordo"; 5 = "Concordo fortemente". De igual modo, o MMCGI-SF contempla as dimensões Sobrecarga e Sacrifício Pessoal (6 itens) (e.g., "Tive que desistir de ..."), Sentimento de Tristeza e Saudade (6 itens) (e.g., "Tenho este desagradável sentimento..."), Preocupação e Sentimento de Isolamento (6 itens) (e.g., "Não tenho ninguém com ..."). Com a finalidade de testar as características psicométricas do instrumento e verificar a sua equivalência com a versão original, foi realizado um estudo junto de uma amostra de 292 cuidadores de doentes com diagnóstico de demência de Alzheimer. Nesta investigação, obteve-se um valor de coeficiente de alfa de Cronbach de .90 para a escala total, .83 para a subescala Sobrecarga e Sacrifício Pessoal, .80 para a subescala Sentimento de Tristeza e Saudade e .80 para a subescala Preocupação e Sentimento de Isolamento (Marwit & Meuser, 2005).

Importa destacar que no referido estudo, e até à data, não foram realizados estudos de análise fatorial com o MMCGI-SF de modo a verificar eventuais discrepâncias na sua estrutura fatorial comparativamente à versão original (Marwit & Meuser, 2005).

2. Estudos em Portugal
Como foi desenvolvido/adaptado e validado?

Estudos de tradução e adaptação

Após o pedido formal de autorização junto de um dos autores do MMCGI-SF (Thomas Meuser, University of Missouri - St. Louis) para tradução e adaptação da escala, deu-se início, em setembro de 2012, ao processo de tradução-retroversão (Gjersing, Caplehorn, & Clausen, 2010). Num primeiro momento, foram desenvolvidas duas traduções, de modo independente, por dois investigadores fluentes em português e inglês. De seguida, tendo como ponto de partida as traduções iniciais, um terceiro investigador, com competências linguísticas semelhantes, procedeu a uma tradução conciliadora das anteriores.

Realizou-se um estudo preliminar do instrumento, de modo a avaliar a sua adequação semântica. A versão final preliminar foi então administrada a 12 sujeitos, familiares de doentes oncológicos, tendo sido pedido que registassem eventuais erros, desadequações, ambiguidades na formulação dos itens ou outras dificuldades sentidas ao responder ao MMCGI-SF. Os itens 4 (primeira tradução: "Tenho este desagradável sentimento de vazio por saber que o meu familiar 'partiu'.") e 11 (primeira tradução: "Custa-me deitá-lo(a) na cama e perceber que ele(a) 'partiu'.") foram contestados pelos familiares. Alguns respondentes alegaram que, atendendo à condição clínica do doente, estes itens não seriam aplicáveis uma vez que, ainda numa fase muito incipiente da evolução da doença, em que existe expetativa de cura, lhes era difícil imaginar o doente com prognóstico limitado. Por outro lado, um doente oncológico, na maioria dos casos, preserva a sua função cognitiva, pelo que este "partir", ainda que simbolicamente, não seria adequado. Estas questões foram discutidas com os autores da escala que anuíram a proposta de alteração da tradução (item 4: "Tenho este desagradável sentimento de vazio por saber que o meu familiar vai 'partir'."; item 11: "Custa-me deitá-lo(a) na cama e perceber que ele(a) vai 'partir'."). Por fim, efetuados os acertos finais na versão portuguesa do MMCGI-SF, foi realizada uma retroversão do instrumento para inglês, por um professor de inglês. A retroversão da escala foi enviada aos autores originais que, após análise, validaram a tradução portuguesa e a utilização e adaptação da escala para uma amostra de familiares – cuidadores e não cuidadores – de doentes oncológicos, em qualquer fase de evolução da doença.

Obtida a versão traduzida da MMCGI-SF – Inventário de Luto para Cuidadores (versão breve) - iniciaram-se os estudos de validação do instrumento.

Dos 47 pedidos de autorização formalizados para os conselhos de administração e comissões de ética das instituições médicas, foram obtidas quatro autorizações para a recolha da amostra (Hospital de Braga, Hospital de Beja, Hospital de Cantanhede, Instituto Português de Oncologia de Coimbra) (cf. capítulo 5).

No que diz respeito à constituição da amostra, consideraram-se os seguintes critérios de inclusão/ exclusão: a) ser familiar de um doente oncológico em qualquer fase de evolução da doença (e.g., cônjuge, filho/a, irmão/ã, pai, mãe, neto/a, primo/a), b) ter mais de 18 anos, c) saber ler e escrever, e d) não apresentar psicopatologia não compensada.

A recolha da amostra decorreu de março de 2013 a março de 2015. Para efeitos de administração do protocolo, os familiares foram questionados pelo médico que acompanhava o doente ou por outro técnico (e.g., psicólogo ou técnico de serviço social), acerca do seu interesse em participar no estudo. Caso estivessem de acordo em participar no mesmo, os familiares eram encaminhados para uma sala reservada para o efeito, onde se encontrava a investigadora responsável. Aqui foram fornecidas informações mais detalhadas sobre a investigação, esclarecidas as questões dos familiares e garantida a confidencialidade e anonimato dos dados fornecidos e procedeu-se à assinatura do documento de consentimento informado. Após o preenchimento do consentimento informado, a investigadora administrava o protocolo de avaliação em formato de entrevista e esclarecia devidamente todas as questões que surgissem durante a administração do protocolo.

Numa primeira fase, foi realizado um estudo de natureza exploratória junto de uma amostra de 41 familiares de doentes oncológicos em diversas fases de evolução da doença. Neste âmbito, foi levado a cabo um estudo de análise fatorial exploratória, tendo sido encontrados três fatores, coincidindo a maioria dos itens com os da versão original da MMCGI-SF. Relativamente aos estudos de precisão/consistência interna, obteve-se um bom coeficiente de alfa de Cronbach (α = .89) para a escala total (Correia, 2014).

Para o presente estudo, a amostra é composta por 88 sujeitos, maioritariamente do sexo feminino (69.3%), com idades compreendidas entre os 18 e os 82 anos, com uma média de idades de 46.72 (*DP* = 15.96) (cf. Quadro 2). A escolaridade dos participantes é diversificada sendo o 3.º ciclo do ensino básico a mais comum (26.1%). Quanto ao estado civil, a maioria dos sujeitos são casados (68.2%). No que diz respeito à região de residência, a maioria dos sujeitos reside na região centro do país (60.2%) e, em particular, no distrito de Coimbra (34.1%).

No que diz respeito ao papel desempenhado relativo à prestação de cuidados, mais de metade dos sujeitos considera ser o cuidador principal do doente (62.5%). A maioria dos respondentes referem prestar mais de

11 horas de cuidados (33.0%). Os sujeitos são, maioritariamente, filhos (38.6%) ou cônjuges (31.8%) do doente.

Quadro 2.
Caracterização da amostra (familiares)

		Frequência (*n*)	Percentagem (%)
Sexo	Masculino	27	30.7
	Feminino	61	69.3
Faixa etária	18-29	12	13.6
	30-39	22	25.0
	40-49	18	20.4
	50-59	14	15.9
	60-69	16	18.2
	70-82	6	6.8
Escolaridade	Sem escolaridade	1	1.1
	1° Ciclo do ensino básico	19	21.6
	2° Ciclo do ensino básico	7	8.0
	3° Ciclo do ensino básico	23	26.1
	Ensino secundário	19	21.6
	Ensino superior	19	21.6
Estado civil	Solteiro	19	21.6
	Casado/União de facto	60	68.2
	Recasado	1	1.1
	Divorciado	6	6.8
	Viúvo	2	2.3
Região	Norte	20	22.7
	Centro	53	60.2
	Sul	15	17.0
Distrito	Aveiro	8	9.1
	Beja	14	15.9
	Braga	20	22.7
	Coimbra	30	34.1
	Castelo Branco	2	2.3
	Guarda	1	1.1
	Leiria	6	6.8
	Lisboa	1	1.1
	Portalegre	1	1.1
	Santarém	2	2.3
	Viseu	3	3.4

Cuidador	Principal	55	62.5
	Secundário/Não cuidador	33	37.5
	1 a 2 horas	9	10.2
Horas	3 a 5 horas	16	18.2
de cuidados	6 a 8 horas	9	10.2
(diárias)	9 a 11 horas	6	6.8
	Mais de 11 horas	29	33.0
	Não presta cuidados	19	21.6
Relação com	Filho/a	34	38.6
o doente	Cônjuge	28	31.8
	Outra	26	29.5

Relativamente ao doente, a média de idades é 62.88 anos (*DP* = 15.59), com idades compreendidas entre os 21 e os 86 anos. O diagnóstico oncológico é muito diversificado, sendo o cancro de mama (25.0%) e o cancro do cérebro (11.4%) os mais comuns. Mais de metade dos doentes recebeu o diagnóstico há menos de um ano (62.5%) e 40 doentes apresentam doença em fase terminal da sua evolução (cf. Quadro 3).

Quadro 3.
Caracterização da amostra (doente e doença)

		Frequência (*n*)	Percentagem (%)
	21-29	4	4.5
	30-39	3	3.4
Faixa etária	40-49	9	10.2
	50-59	14	15.9
	60-69	26	29.5
	70-79	19	21.6
	80-86	13	14.8
Contexto de prestação de cuidados	Internamento	21	23.9
	Ambulatório	67	76.1
	0 a 1 anos	55	62.5
	2 a 4 anos	24	27.3
Tempo desde o diagnóstico	5 a 7 anos	5	5.7
	8 a 10 anos	3	3.4
	Mais de 11 anos	1	1.1

Fase da Doença	Crise	11	12.5
	Crónica	29	33.0
	Recidiva	4	4.5
	Terminal	40	45.5
	Remissão	4	4.5
Diagnóstico	Mama	22	25.0
	Cérebro	10	11.4
	Útero	7	8.0
	Outros	49	55.6

Estudos de análise de itens: Estatísticas descritivas

No Quadro 4 encontram-se os resultados referentes às estatísticas descritivas para os 18 itens do MMCGI-SF.

De acordo com o Quadro 4, o item 12 ("Sinto-me muito triste...") é o que apresenta a média mais elevada ($M = 4.35$, $DP = 1.03$). Por sua vez, o item com a média mais baixa ($M = 1.84$, $DP = 1.08$) é o item 9 ("Conseguiria lidar melhor ..."). Relativamente à amplitude, todos os itens atendem a toda a amplitude da escala de cotação (1 – "Discordo fortemente" a 5 – "Concordo fortemente").

Quadro 4.
Estatísticas descritivas: Itens do MMCGI-SF

Item	M	DP	Mín-Máx	Assimetria	Curtose
1	2.81	1.52	1-5	0.19	-1.37
2	2.42	1.52	1-5	0.62	-1.12
3	2.11	1.29	1-5	0.87	-0.43
4	3.8	1.46	1-5	-0.82	-0.83
5	3.61	1.38	1-5	-0.60	-0.98
6	2.07	1.30	1-5	1.02	-0.15
7	3.72	1.40	1-5	0.80	-0.86
8	3.72	1.40	1-5	-0.72	-0.86
9	1.84	1.08	1-5	1.22	0.82
10	3.81	1.32	1-5	-1.01	-0.08
11	3.49	1.69	1-5	-0.57	-1.42
12	4.35	1.03	1-5	-1.73	2.51
13	3.5	1.51	1-5	-0.49	-1.25

14	2.20	1.34	1-5	0.79	-0.59
15	3.59	1.54	1-5	-0.63	-1.17
16	2.49	1.55	1-5	0.51	-1.27
17	2.62	1.48	1-5	0.35	-1.31
18	2.33	1.46	1-5	0.68	-1.01

Analisando os valores referentes à assimetria observa-se que os itens 6, 9, 10 e 12 são aqueles que se afastam mais de zero. Observando os valores da curtose, verifica-se que o maior afastamento na distribuição dos resultados se verifica nos itens 1, 11 e 12.

Estudos de precisão: Consistência interna dos itens do MMCGI-SF

Para o presente estudo foi realizada uma análise de consistência interna para os 18 itens do MMCGI-SF para averiguar o grau de confiabilidade do instrumento (cf. Quadro 5).

Quadro 5.
Estudo de consistência interna dos itens do MMCGI-SF

Itens	Correlação item-total corrigida	Alfa com eliminação do item
1	.61	.88
2	.71	.88
3	.48	.89
4	.60	.88
5	.69	.88
6	.56	.88
7	.32	.89
8	.52	.88
9	.31	.89
10	.47	.89
11	.62	.88
12	.55	.88
13	.52	.88
14	.24	.89
15	.36	.89
16	.68	.88
17	.57	.88
18	.60	.88

No que respeita à escala total, obtivemos um coeficiente de alfa de Cronbach de .89, o que nos remete para um bom índice de consistência interna (Pestana & Gageiro, 2008). De forma a verificar se a eliminação de algum item levaria a um aumento do valor do alfa de Cronbach, foi analisado o valor das correlações item-total corrigidas e do valor do alfa de Cronbach caso o item fosse eliminado. Apenas o item 14 apresentou uma correlação inferior a .30 ($r = .24$). Porém, a sua exclusão não traduziria um aumento importante do coeficiente de alfa de Cronbach, pelo que se optou por manter o item.

Estudos de validade interna: Análise fatorial exploratória (AFE)

Num primeiro momento, para se verificar a adequação dos pressupostos para a realização da AFE, verificou-se a fatoriabilidade da amostra, através da estimação do teste de Kaiser-Meyer-Olkin (KMO) e do teste de esfericidade de Bartlett, com o objetivo de aferir a qualidade das correlações entre as variáveis. O resultado obtido no teste de KMO (.856) revelou uma boa adequação da amostra para uma análise em componentes principais (Pestana & Gageiro, 2008). No que diz respeito ao teste de esfericidade de Bartlett, obteve-se um valor estatisticamente significativo ($\chi^2=857.484$; $gl = 153$; $p < .001$). Deste modo, e uma vez que a matriz de correlações não é uma matriz de identidade, as variáveis em estudo são correlacionáveis.

Verificados os pressupostos, efetuou-se uma análise fatorial de componentes principais, onde foi sugerida a extração de 3 componentes que explicam 60.51% da variância total. Do mesmo modo, da análise do *scree-plot*, verifica-se um ponto de inflexão no quarto componente, remetendo para a retenção de três fatores.

De seguida, de acordo com a estrutura original do instrumento, procedeu-se à rotação *varimax* forçada a três fatores. Assim, de acordo com o Quadro 6, o primeiro fator é composto por sete itens - itens 1, 2, 3, 6, 16, 17 e 18 - que explicam 25.92% da variância total, com valores de saturação que oscilam entre .509 e .914.

A análise dos itens que compõem este fator indica que cinco itens pertencem à subescala Sobrecarga e Sacrifício Pessoal da versão original do MMCGI-SF. Não se obteve correspondência para os itens 3 e 6, ambos pertencentes ao fator 3 na versão original. Importa salientar que o item 3 apresenta um valor de saturação de .585 no fator 1 e .378 no fator 3. Atendendo ao conteúdo teórico do item 3, optou-se por integrá-lo no fator 3: Preocupação e Sentimento de Isolamento, ficando assim o primeiro fator composto por seis itens.

Quadro 6.
Matriz rodada a três fatores dos itens do MMCGI-SF, variância explicada e comunalidades (rotação Varimax)

Itens	Componentes			h^2
	1	2	3	
16. Independência foi o que...	.914			.835
1. Tive que desistir de...	.897			.804
2. Sinto que estou...	.859			.738
18. Estou preso neste mundo...	.832			.692
17. Desejava ter...	.721			.520
3. Não tenho ninguém com ...	.585		.378	.485
6. A doença é como...	.509			.259
5. Passo muito tempo preocupado...		.845		.714
11. Custa-me deitá-lo(a)...		.808		.653
12. Sinto-me muito triste...		.803		.645
4. Tenho este desagradável sentimento...		.803		.645
13. Fico acordado(a) a maioria...		.779		.607
15. Já perdi outras pessoas...		.592		.352
8. Sinto saudades...	.368	.506		.391
10. Ninguém sabe até quando...	.389	.390		.303
14. As pessoas que me...			.838	.702
7. Os meus amigos...			.793	.674
9. Conseguiria lidar melhor...			.529	.363
% variância explicada	25.92	23.94	10.65	

O segundo fator é composto por oito itens - itens 4, 5, 8, 10, 11, 12, 13 e 15 - que explicam 23.94% da variância total, com valores de saturação que oscilam entre .390 e .845. A análise dos itens que compõe este fator indica que cinco itens pertencem à subescala Sentimento de Tristeza e Saudade da versão original. Dos três itens para os quais não se obteve correspondência, dois pertencem ao fator 3 da versão original (itens 5 e 13) e o item 10 ao fator 1 (cf. Quadro 6).

Finalmente, o terceiro fator é composto por três itens - itens 7, 9 e 14 - que explicam 10.65% da variância total, com valores de saturação que oscilam entre .529 e .838 (cf. Quadro 6). A análise dos itens que compõe este fator indica que dois itens pertencem à subescala Preocupação e Sentimento de Isolamento da versão original (itens 7 e 14). O item 9 pertencia ao fator 2 na versão original. Com a fixação do item 3 neste fator, o terceiro fator passou a integrar quatro itens.

Assim, a solução fatorial resultante apresenta uma correspondência de 13 itens com a versão original, no total de 18, distribuídos pelos três fatores. Importa salientar que não existem, até então, estudos de análise fatorial com a versão breve do MMCGI (Marwit & Meuser, 2005), uma vez que esta versão foi desenvolvida com base nos itens com saturação mais elevada da versão de 50 itens de Marwit e Meuser (2002).

Estudos de validade interna: Análise fatorial confirmatória (AFC)

No sentido de verificar a adequação do modelo da versão original foram realizados estudos de AFC para os 18 itens do MMCGI-SF tendo por base a estrutura fatorial da versão original (Marwit & Meuser, 2005). Para tal, recorreu-se ao *software* AMOS 22 (*Analysis of Moment Structures*) e utilizou-se o método de estimação de máxima verosimilhança (*Maximum Likelihood*). O ajustamento do modelo foi verificado tendo em consideração os seguintes índices: Qui-quadrado/ graus de liberdade (χ^2/df), *CFI* (*Comparative Fit Index*), *GFI* (*Goodness-of-fit Index*) e *RMSEA* (*Root Mean Square Error of Aproximation*) (Marôco, 2010). Os valores considerados para o ajustamento do modelo foram: χ^2/*df* inferior a 5, *CFI* e *GFI* superiores a .90 e *RMSEA* inferior a .10 (Marôco, 2010).

A Figura 1 representa o modelo proposto por Marwit e Meuser (2005), com correlações entre os três fatores a oscilar entre .41 (Sobrecarga_Sacrifício e Tristeza_Saudade) e .96 (Tristeza_Saudade e Preocupação_Isolamento). As saturações estandardizadas para os itens dos três fatores considerados oscilam entre .181 e .938. O modelo original não se demonstrou ajustado para os dados recolhidos, uma vez que os valores obtidos para os índices de ajustamento não alcançaram os valores de referência: χ^2/df = 1.699, *CFI* = .881, *GFI* = .778 e *RMSEA* = .090 (IC = .069-.109). A análise dos índices de modificação também não apontou para uma melhoria do modelo.

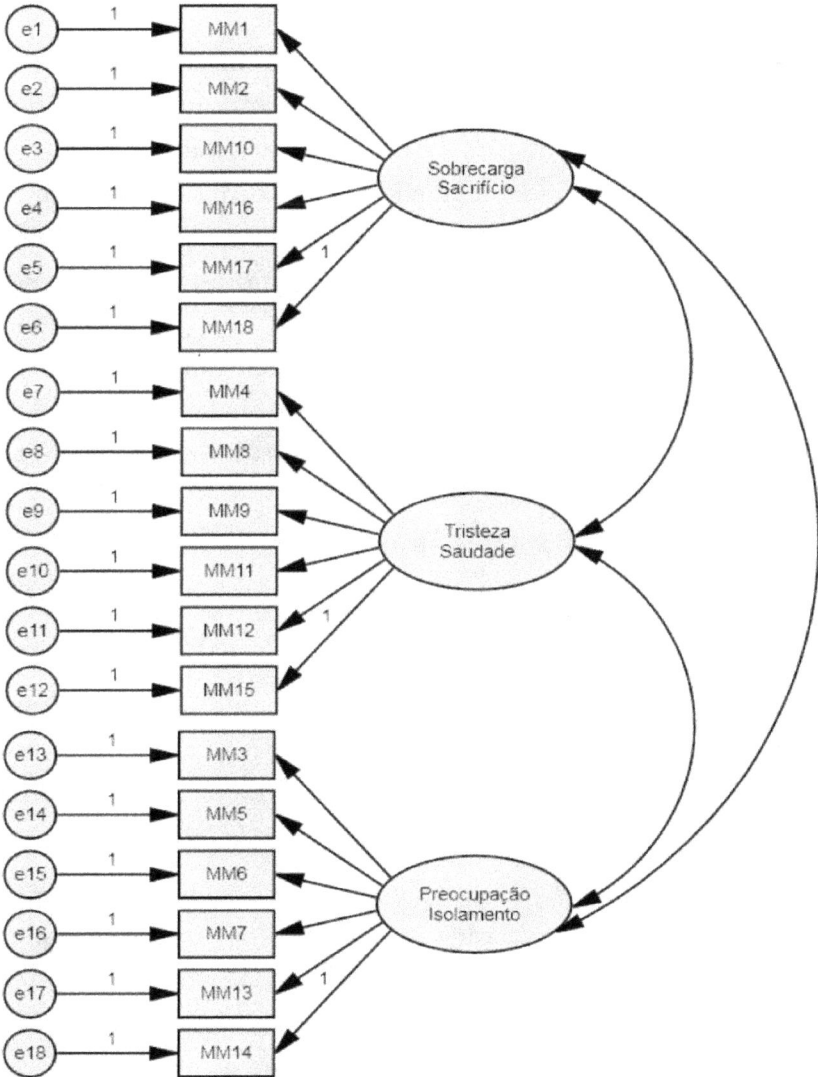

Figura 1. Modelo MMCGI-SF versão original (Marwit & Meuser, 2005).

Por conseguinte, e dado o tamanho reduzido da amostra ($n = 88$), optou-se por considerar nos vários estudos realizados apenas o resultado total da escala – Nível de Luto Total.

Estudos de validade com grupos conhecidos: Grupos de familiares de doentes em fases de tratamento ativo e paliativa da doença e grupos de familiares cuidadores principais e não cuidadores

Procurou-se analisar a existência de diferenças ao nível do Luto Total (resultado total do MMCGI-SF) entre o grupo de familiares de doentes em fase de tratamento ativo da doença (fase de crise, crónica, recidiva e remissão) e fase de tratamento paliativo (fase terminal), assim como entre o grupo de familiares cuidadores principais e familiares não cuidadores. Para o efeito, recorreu-se ao teste *t* de *Student* para amostras independentes.

Não foram encontradas diferenças estatisticamente significativas entre os familiares de doentes em fase de tratamento ativo e paliativo ao nível do Luto Total, t (85) = -3.606, p = .748. Do mesmo modo, não se verificaram diferenças entre os familiares cuidadores principais e os familiares não cuidadores ao nível do Luto Total, t (85) = 3.089, p = .711.

3. Aplicação
Como aplicar, cotar e interpretar?

O material necessário para a aplicação da MMCGI-SF é apenas a versão em papel do questionário e uma caneta. A aplicação da MMCGI-SF requer que o sujeito cote cada um dos 18 itens relativamente ao seu grau de concordância com os itens. Os itens são cotados numa escala de tipo *Likert*, de 1 ("Discordo fortemente") a 5 ("Concordo fortemente").

Este estudo exploratório permitiu calcular os primeiros valores de referência para a MMCGI-SF em Portugal. Assim, no Quadro 7 apresentam-se as médias e desvios-padrão para o resultado total da escala, o que corresponde ao nível de Luto Total. Apresentam-se, ainda, os valores de referência para o grupo de familiares de doentes em fase de tratamento ativo e paliativo.

Quadro 7.
Valores de referência da MMCGI-SF ao nível do Luto Total

Resultados MMCGI-SF	Tratamento ativo (n = 48)		Tratamento paliativo (n = 40)		Amostra Total (N = 88)	
	M	DP	M	DP	M	DP
Nível de Luto Total	48.02	14.31	58.95	13.82	53.05	15.04

Relativamente à interpretação dos resultados, importa referir que resultados elevados no resultado total indicam possíveis dificuldades na adaptação à doença e, por conseguinte, eventual necessidade de suporte psicoterapêutico formal. Por seu turno, resultados baixos no resultado total indicam uma possível adaptação funcional à doença. Neste último caso, deve despistar-se se o sujeito se encontra, ou não, em negação relativamente à doença e eventual eminência da morte.

4. Vantagens, limitações e estudos futuros

O estudo do luto antecipatório é, ainda, incipiente (Kissane & Bloch, 2002). As medidas que visam avaliar a experiência de luto antecipatório nos familiares de doentes crónicos com doença ameaçadora de vida são, ainda, muito escassas (Marwit & Kaye, 2006; Marwit & Meuser, 2002; Marwit et al., 2008).

O MMCGI-SF visa medir a experiência de luto antecipatório de familiares de doentes oncológicos e revela ser um instrumento com propriedades psicométricas razoáveis. Ao nível clínico, o MMCGI-SF permite sinalizar os familiares - cuidadores, ou não - que apresentem níveis de luto preocupantes e, eventualmente, associados ao desenvolvimento de luto complicado e patológico no pós-morte e, por conseguinte, encaminhar para o tipo de suporte mais adequado (e.g., psiquiatria, psicologia).

Ao nível da investigação, fica disponível para a população portuguesa uma ferramenta de estudo da experiência de luto antecipatório, ao permitir que seja dado incremento à investigação numa área, comumente, menos valorizada. As limitações deste estudo de adaptação do MMCGI-SF prendem-se com as características da amostra (amostra não probabilística de conveniência e não estratificada e de dimensão relativamente reduzida) e a não replicação da estrutura fatorial original do instrumento.

Deste modo, seria interessante aprofundar o estudo do funcionamento psicométrico do MMCGI-SF, realizando, após a devida ampliação da amostra, estudos de análise fatorial confirmatória de modo a averiguar a correspondência dos itens à estrutura original proposta pelos autores do instrumento (Marwit & Meuser, 2002).

Parece-nos ainda que os estudos de adaptação e validação do MMCGI-SF beneficiariam de análises independentes com populações clínicas diferentes, de modo a avaliar a capacidade discriminante do questionário e desenvolver valores normativos para as demais populações. Nesta linha, é crucial identificar eventuais diferenças na experiência de luto antecipatório em diferentes fases da evolução da doença (e.g., crise, crónica, terminal), diferentes diagnósticos oncológicos (e.g., mama, cérebro, pulmão, leucemia) e diferentes diagnósticos de doença crónica ameaçadora da vida (e.g., insuficiências de órgão, doença de Alzheimer, SIDA). Importa, ainda, desenvolver estudos que analisem a influência da experiência do luto antecipatório na adaptação individual (e.g., sintomatologia psiquiátrica, necessidades) e familiar (e.g., funcionamento e *coping* familiar) à doença e proximidade da morte.

5. Bibliografia

Brown, F. (1995). O impacto da morte e da doença grave sobre o ciclo de vida familiar. In B. Carter, & M. McGoldrick (Eds.). *As mudanças no ciclo de vida familiar. Uma estrutura para a terapia familiar* (2ª ed., pp. 393-413). Porto Alegre: Artes Médicas.

Correia, M. (2014). *Luto antecipatório na doença oncológica: Estudo exploratório com o Marwit-Meuser Caregiver Grief Inventory (Short Form).* Dissertação de Mestrado Integrado, Faculdade de Psicologia e de Ciências da Educação da Universidade de Coimbra, Portugal.. Acedido em https://estudogeral.sib.uc.pt/handle/10316/27807.

Gilbert, K. (1996). "We've had the same loss, why don't we have the same grief?" Loss and differential grief in families. *Death Studies, 20,* 269-283.

Gjersing, L., Caplehorn, J., & Clausen, T. (2010). Cross-cultural adaptation of research instruments: Language, setting, time and statistical considerations. *BMC Medical Research Methodology, 10*(13), 101-110. doi: 10.1186/1471-2288-10-13

Grassi, L. (2007). Bereavement in families with relatives dying of cancer. *Current Opinion in Supportive and Palliative Care, 1,* 43-49. doi: 10.1097/SPC.0b013e32813a3276

Guldin, M., Vedsted, P., Zachariae, F., Olesen, F., & Jensen, A. (2012). Complicated grief and need for professional support in family caregivers of cancer patients in palliative care: A longitudinal cohort study. *Supportive Care in Cancer, 20,* 1679-1685. doi: 10.1007/s00520-011-1260-3

Kissane, D., & Bloch, S. (2002). *Family focused grief therapy: A model of family-centered care during palliative care and bereavement.* London: Open University Press.

Kissane, D., Bloch, S., Dowe, D., Snyder, R., Onghena, P., McKenzie, D., & Wallace, C. (1996). The Melbourne family grief study, I: Perceptions of family functioning in bereavement. *The American Journal of Psychiatry, 153*(5), 650-658.

Lichtenthal, W., Prigerson, H., & Kissane, D. (2010). Bereavement: A special issue in oncology. In J. Holland, W. Breitbart, P. Jacobsen, M. Lederberg, M. Loscalzo, & R. McCorkle (Eds.). *Psycho-Oncology* (2nd ed., pp. 537-543). New York: Oxford University Press.

Lindemann, E. (1944). Symptomatology and management of acute grief. *American Journal of Psychiatry, 101,* 141-148.

Marôco, J. (2010). *Análise de equações estruturais: Fundamentos teóricos, software & aplicações.* Pêro Pinheiro: ReportNumber.

Marwit, S., Chibanll, J., Dougherty, R., Jenkins, C., & Shawgo, J. (2008). Assessing predeath grief in cancer caregivers using the Marwit-Meuser Caregiver Grief Inventory (MM-CGI). *Psycho-Oncology, 17,* 300-307. doi: 10.1002/pon.1218

Marwit, S., & Kaye, P. (2006). Measuring grief in caregivers of persons with acquired brain injury, *Brain Injury, 20,* 1419-1429. doi: 10.1080/02699050601082214

Marwit, S., & Meuser, T. (2002). Development and initial validation of an inventory to assess grief in caregiver's of persons with Alzheimer's disease. *The Gerontologist, 42*(6), 751-765.

Marwit, S., & Meuser, T. (2005). Development of a short form inventory to assess grief in caregivers of dementia patients. *Death Studies, 29,* 191-205. doi: 10.1080/07481180590916335

Moos, N. (1995). An integrative model of grief. *Death Studies, 19,* 337-364.

Pestana, M. H., & Gageiro, J. (2008). *Análise de dados para ciências sociais - A complementaridade do SPSS* (5ª ed.). Lisboa: Sílabo.

Reynolds, L., & Botha, D. (2006). Anticipatory grief: Its nature, impact, and reasons for contradictory findings. *Counselling, Psychotherapy, and Health, 2*(2), 15-26.

Rolland, J. (1990). Anticipatory loss: A family systems developmental framework. *Family Process, 29*(3), 229-244.

Tercero, R. (2002). Duelo familiar. *Sistemas Familiares, 18*(1-2), 48-61.

Walsh, F., & McGoldrick (2004). Loss and the family: A systemic perspective. In F. Walsh, & M. McGoldrick (Eds). *Living beyond the loss. Death in the family* (2nd ed., pp. 3-26). New York: W. W. Norton & Company.

Wedemeyer, N. (1986). Transformation of family images related to death. *Journal of Family Issues, 7,* 277-296.

Zilberfein, F. (1999). Coping with death: Anticipatory grief and bereavement. *Generations, 23*(1) 69-74.

COPING HEALTH INVENTORY FOR PARENTS (CHIP)

Ana Isabel Cunha
Sofia Major
Ana Paula Relvas

"A total family system perspective on coping is needed to view the impact on the family and what steps can be taken to help the family to adapt."

(McCubbin et al., 2001, p. 431)

Resumo

O *Coping Health Inventory for Parents* (CHIP; McCubbin et al., 1983) é um inventário composto por 45 itens que permitem avaliar a perceção dos pais sobre as suas respostas de *coping*, para lidar com a vida familiar, quando têm um filho gravemente e/ou cronicamente doente. Neste capítulo são apresentados os estudos de adaptação e validação da versão portuguesa do CHIP numa amostra de 143 pais e mães de crianças com diferentes doenças crónicas. A análise fatorial exploratória indica-nos uma solução fatorial de três fatores, tal como a versão original, embora sem replicar a solução fatorial original quanto à distribuição dos itens pelos fatores. Os estudos de análise fatorial confirmatória revelam que o modelo original não se adequa aos dados recolhidos. O instrumento apresentou boa consistência

DOI: https://doi.org/10.14195/978-989-26-1268-3_7

interna ao nível dos três fatores (α entre .80-.88). Os resultados são discutidos tendo em consideração as características e utilidade da versão portuguesa do CHIP.

Palavras-chave: *coping* parental, doença crónica pediátrica, CHIP, análise fatorial.

Abstract

The *Coping Health Inventory for Parents* (CHIP; McCubbin et al., 1983) is a 45 item instrument designed to assess parents' appraisal of coping behaviors they are using to manage family life when they have a seriously or chronically ill child. This chapter presents the adaptation and validation studies of the Portuguese version of CHIP in a sample of 143 parents of children with different chronic illnesses. Exploratory factor analysis yielded a three-factor solution, although it did not replicate the three-factor structure of the original CHIP. Confirmatory factor analysis demonstrated that the original model does not fit to the data. The instrument revealed good internal reliability for its factors (α between .80-.88). Results are discussed concerning the characteristics and utility of the Portuguese version of CHIP.

Keywords: parental coping, childhood chronic illness, CHIP, factor analysis.

1. Instrumento
O que é, o que avalia e a quem se aplica?

No Quadro 1 encontra-se a ficha técnica relativa ao *Coping Health Inventory for Parents* (CHIP; McCubbin, et al., 1983).

Quadro 1.
Ficha técnica do CHIP

O que é?	A versão portuguesa do CHIP – *Coping Health Inventory for Parents*, escala publicada originalmente, em 1983, por Hamilton McCubbin e colaboradores

O CHIP é um inventário de auto-resposta que avalia a perceção dos pais sobre as suas respostas de *coping*, para lidar com a vida familiar quando têm um filho gravemente e/ou cronicamente doente. Contém 45 itens que se distribuem por três subescalas/padrões: Integração Familiar, Cooperação e Definição Otimista da Situação; Manutenção do Suporte Social, Auto-Estima e Estabilidade Psicológica; e Compreensão da Situação Médica através da Comunicação com outros Pais e Consulta com os Membros da Equipa de Saúde

Estrutura do CHIP (versão original)

	Subescala	Número Itens	Descrição
O que avalia?	Integração Familiar, Cooperação e Definição Otimista da Situação (Padrão I)	19	Comportamentos centrados no fortalecimento da vida familiar e das relações e na visão que pais têm sobre a vida familiar
	Manutenção do Suporte Social, Auto--Estima e Estabilidade Psicológica (Padrão II)	18	Esforços parentais para manter o seu próprio "bem-estar" através de relações sociais, envolvimento em atividades que aumentem a auto-estima e comportamentos para lidar com as tensões e pressões psicológicas
	Compreensão da Situação Médica através da Comunicação com outros Pais e Consulta com os Membros da Equipa de Saúde (Padrão III)	8	Comportamentos focados no relacionamento com a equipa médica e com outros pais de crianças com doenças crónicas

A quem se aplica?	O CHIP foi desenvolvido para ser utilizado com pais de crianças com condições de saúde graves e/ou crónicas
Como ter acesso?	O acesso à versão portuguesa do CHIP pode ser efetuado através da página http://www.fpce.uc.pt/avaliacaofamiliar que contém todos os instrumentos de avaliação apresentados neste livro. Os utilizadores deverão facultar os contactos pessoais e institucionais, bem como dados acerca do propósito da utilização do instrumento (e.g., investigação, prática clínica) e concordar com as condições de utilização e de partilha dos resultados com os autores da versão portuguesa

Fundamentação e história

O conceito de resiliência é, em geral, utilizado para descrever a capacidade de adaptação positiva num contexto de adversidade. Os modelos baseados nas teorias do *stress* e resiliência familiares foram inovadores ao abordar a adaptação e resiliência a um nível familiar, destacando o papel que propriedades, comportamentos e capacidades familiares desempenham na recuperação das famílias em situações de crise (McCubbin & McCubbin, 1996).

Neste sentido, a adoção de uma visão sistémica da resiliência permitiu alargar o conceito e aplicá-lo ao funcionamento das famílias, referindo-se o termo resiliência familiar ao "percurso que a família percorre, à medida que se adapta e prospera face ao *stress*, tanto no presente, como ao longo do tempo" (Hawley & DeHann, 1996, p. 293). Assim, a abordagem da resiliência familiar desvia-se das perspetivas tradicionais de investigação e intervenção baseadas nos défices, salientando o poder regenerativo das famílias (Walsh, 2002) e considerando que o que distingue famílias saudáveis não é o facto de não apresentarem problemas, mas sim as suas capacidades de *coping* e de resolução dos mesmos (Walsh, 1998).

O Modelo de Resiliência Familiar - *Resiliency Model of Family Adjustment and Adaptation* (McCubbin & McCubbin, 1996) representa uma extensão das teorias de *stress* familiar, contribuindo para a compreensão dos processos ativos que as famílias utilizam para equilibrar as exigências com as capacidades das famílias, e que as podem conduzir a um nível de ajustamento ou adaptação familiar. Estas teorias consideram o *coping* como um processo ativo que integra não só a utilização de recursos familiares existentes, mas também o desenvolvimento de novos comportamentos que ajudem a fortalecer a unidade familiar e a reduzir o impacto dos acontecimentos de *stress* (McCubbin, McCubbin, Nevin, & Cauble, 1981). Deste modo, o conceito de *coping* refere-se a estratégias ativas ou passivas, padrões e comportamentos que são desenvolvidos para manter ou fortalecer a unidade familiar, conservar a estabilidade emocional e o bem-estar dos membros da família, procurar ou utilizar recursos familiares ou da comunidade e desencadear esforços para resolver as dificuldades criadas pelo acontecimento de *stress* (McCubbin & McCubbin, 1996).

Uma doença grave e/ou crónica numa criança reflete-se em toda a família enquanto sistema e é, habitualmente, considerada como uma significativa fonte de *stress* familiar. Ao trabalhar com famílias com crianças com doenças crónicas, é importante que os profissionais avaliem o *coping* parental, no sentido de perceber se a adaptação está a ser positiva ou se é necessária uma intervenção no sentido de melhorar as respostas de *coping* e a vida familiar (McCubbin, Thompson, & McCubbin, 2001). Foi com o objetivo de criar uma medida que permitisse avaliar a perceção que os pais têm sobre as suas respostas de *coping* para lidar com a vida familiar, quando têm um filho gravemente e/ou cronicamente doente, que McCubbin e colaboradores (1983) criaram o *Coping Health Inventory for Parents* (CHIP).

No processo de construção deste instrumento foram incluídos itens referentes a comportamentos de *coping*, utilizados em estudos prévios sobre respostas de *coping* familiar ao *stress* (cf. McCubbin et al., 1981; 1983), mas foram também desenvolvidos itens adicionais baseados, nomeadamente, nas teorias do suporte social, de *stress* familiar, de *coping* individual e de suporte nos cuidados de saúde familiares.

A versão original do CHIP era composta por 80 itens e, aquando do seu desenvolvimento, foi aplicada uma abordagem hierárquica da organização dos comportamentos, sendo definidos dois níveis gerais. Um primeiro nível dizia respeito aos comportamentos de *coping*, que foram operacionalmente definidos por 80 itens. Um segundo nível, representativo dos padrões de *coping*, resultou da combinação desses itens em padrões específicos (McCubbin et al., 1983). Com base numa amostra de 185 pais de crianças com fibrose quística (95 mães e 90 pais), 35 destes itens iniciais foram eliminados (30 por terem sido considerados pelos pais como "não aplicáveis"; outros cinco pelo critério de variância mínima ou insignificante). Os restantes 45 itens foram sujeitos a uma análise de componentes principais (com rotação *varimax*). Os resultados apontaram para uma estrutura de três fatores que explicavam 71.1% da variância total. Estes fatores passaram a designar-se "padrões de *coping*", com valores de consistência interna (coeficiente alfa de Cronbach) de .79 para o Padrão I, .79 para o Padrão II e .71 para o Padrão III (McCubbin et al., 1983). Assim, o Padrão I (Integração Familiar, Cooperação e Definição Otimista da Situação) é composto por 19 itens que se focalizam no fortalecimento da vida familiar e das relações e na visão que pais têm sobre a vida familiar com uma criança com uma doença crónica (e.g., item 1 "Conversar, com o cônjuge/companheiro(a), sobre sentimentos pessoais e preocupações"). O Padrão II (Manutenção do Suporte Social, Auto-Estima e Estabilidade Psicológica) inclui 18 itens que representam os esforços parentais no desenvolvimento de relações com outros, na realização de atividades que promovam sentimentos de identidade e valor individual, e comportamentos para lidar com as tensões e pressões psicológicas (e.g., item 2 "Estabelecer relacionamentos e amizades que me ajudem a sentir-me importante e apreciado"). Por fim, o Padrão III (Compreensão da Situação de Cuidados de Saúde através da Comunicação com outros Pais e Consulta com os Membros da Equipa de Saúde) é formado por oito itens centrados no relacionamento parental com a equipa de profissionais de saúde e com outros pais de crianças com doenças crónicas, incluindo comportamentos como o desenvolvimento de maior conhecimento e compreensão sobre a doença e o controlo de cuidados ambulatórios e regimes médicos prescritos (e.g., item 10 "Falar com outras pessoas/pais na mesma situação que eu") (McCubbin et al., 1981). Cada um dos 45 itens é cotado numa escala de *Likert* com quatro níveis de resposta (0 = "Nada útil"; 1 = "Minimamente útil"; 2 = "Útil"; 3 = "Extremamente útil"). Existe ainda a possibilidade de indicar a não utilização de um comportamento, assinalando a razão (porque escolheram não o fazer ou porque não é possível na sua família). Os autores disponibilizam uma versão do instrumento em inglês e outra em espanhol.

Os primeiros estudos de evidência de validade do CHIP foram realizados através de uma análise discriminante entre famílias de crianças com paralisia cerebral, com alto e baixo nível de conflito familiar, tendo sido encontradas pontuações significativamente mais elevadas na utilização destas estratégias de *coping* pelas mães e pelos pais nas famílias com alto conflito, quando comparadas com as de baixo conflito (cf. McCubbin et al., 2001). Se aparentemente estes resultados parecem contrários ao que seria de esperar (i.e. utilização de estratégias de *coping* associadas a baixo conflito), os autores consideram que são, no entanto, consistentes do ponto de vista teórico, uma vez que demonstram que os comportamentos de *coping* se desenvolvem como resposta a situações de *stress*, sendo o conflito elevado numa família um índice de *stress* familiar. No estudo com famílias de crianças com fibrose quística (McCubbin et al., 1983), foi avaliada a validade dos três padrões de *coping*, utilizando uma medida de funcionamento familiar (*Family Environment Scale,* FES; Moos, 1974) e dois índices do estado de saúde da criança (índice altura/peso e índice de funcionamento pulmonar). No caso das mães, os Padrões de *coping* I e III revelaram estar positivamente associados à coesão familiar e o Padrão II à expressividade (avaliadas pela FES). No caso dos pais, o Padrão I demonstrou estar positivamente associado à coesão e organização familiares e negativamente relacionado com o conflito. Verificou-se, também, uma associação positiva entre a organização e controlo familiares e a utilização do Padrão III pelos pais. Foram ainda encontradas associações estatisticamente significativas entre padrões de *coping* maternos e paternos e melhoras no estado de saúde das crianças, refletidas nos índices de altura/peso e de funcionamento pulmonar.

O CHIP tem sido largamente utilizado em investigações com pais de crianças com uma grande diversidade de condições/doenças crónicas, nomeadamente diabetes *mellitus* tipo I (Auslander, Bubb, Rogge, & Santiago, 1993; Stallwood, 2005), asma (Garro, 2011), cancro (Goldbeck, 2001; Han, Cho, Kim, & Kim, 2009), artrite idiopática juvenil (Cavallo et al., 2009), fibrose quística (Patterson, Budd, Goetz, & Warwick, 1993), epilepsia (Mu, 2005) e infeção por VIH (Lesar & Maldonado, 1996). Em Portugal, Pereira, Almeida, Rocha e Leandro (2011) utilizaram uma versão de investigação deste instrumento para avaliar as respostas de *coping* de pais de adolescentes com diabetes *mellitus* tipo I. A maioria das investigações que utilizam este instrumento examina os padrões de *coping* parental em diferentes grupos de doenças, mantendo a estrutura fatorial originalmente proposta pelos autores, sendo, em alguns casos, analisados os valores da consistência interna dos itens. No entanto, procurando contribuir para o estudo do instrumento num contexto social e cultural distinto, Aguilar-Vafaie (2008) examinou a estrutura fatorial do CHIP numa amostra de 75 mães e pais Iranianos de crianças com cancro. Os resultados apontaram para a existência de três fatores (i.e. Integração Familiar, Fortalecimento do *Self* e Compreensão da Situação Médica), numa versão adaptada do CHIP com 13 itens, sugerindo um espectro mais reduzido de comportamentos de *coping* parental, em termos de número e variedade, neste contexto específico.

2. Estudos em Portugal
Como foi desenvolvido/adaptado e validado?

Estudos de tradução e adaptação

Os estudos de tradução e adaptação do CHIP para português fazem parte de um processo decorrido entre 2008 e 2013[6]. Num primeiro momento, contactaram-se os autores da versão original, no sentido de obter permissão para traduzir e utilizar o CHIP. Uma vez obtida a autorização, os itens foram traduzidos para a língua portuguesa, procurando manter-se o mais possível o seu sentido original. Posteriormente, foi realizada uma retroversão independente, para a língua inglesa, por um professor com formação em filologia germânica. Procedeu-se à comparação das versões em inglês e em português e realizaram-se alguns ajustes no sentido de alcançar uma versão consensual. Dada a existência de dúvidas relativas à interpretação do significado de um item em particular (item 7), contactaram-se os autores que prontamente esclareceram o significado do referido item, ultimando-se assim a versão final do instrumento (CHIP; Tradução portuguesa: Cunha & Relvas, 2008).

---

[6] Projeto desenvolvido no âmbito de uma investigação de Doutoramento em Psicologia Clínica (Cunha, 2011), na Faculdade de Psicologia e de Ciências da Educação da Universidade de Coimbra, com bolsa de doutoramento da Fundação para a Ciência e Tecnologia (SFRH/BD/38022/2007).

De seguida, realizou-se um estudo piloto com o CHIP junto de familiares de crianças com doença crónicas, no sentido de avaliar a compreensibilidade dos itens, da escala de cotação e instruções, e averiguar possíveis dificuldades de interpretação. De um modo geral, não se verificaram quaisquer dúvidas em relação ao seu preenchimento.

Concluído este processo, procedeu-se à administração do CHIP a um conjunto de pais e mães de crianças com diferentes doenças crónicas, no âmbito de um estudo mais alargado sobre adaptação familiar à doença crónica pediátrica (Cunha, 2011). Neste sentido, o CHIP integrava um protocolo composto por outros questionários familiares, para além de um questionário de dados sociodemográficos, familiares e sobre a doença[7]. Os dados foram recolhidos em dois hospitais públicos e em centros de saúde da região centro. O pedido de colaboração às instituições, acompanhado do projeto de investigação detalhado, foi sujeito à apreciação das Comissões de Ética e autorizado pelos respetivos Conselhos de Administração e pelo Conselho Diretivo da Administração Regional de Saúde do Centro.

O processo de recolha de dados ocorreu em duas fases. Num primeiro momento, o recrutamento da amostra foi efetuado apenas em contexto hospitalar, nas consultas de especialidade. A seleção dos participantes incluiu, como critério, ser pai ou mãe de uma criança com diagnóstico de doença crónica. As condições para o acesso a uma amostra de estudo, facultadas pelas instituições hospitalares, conduziram a que os participantes fossem pais de crianças com os seguintes diagnósticos médicos: asma, diabetes *mellitus* tipo I e artrite idiopática juvenil. O contacto com os participantes foi feito através dos médicos das consultas de especialidade, tendo os pais das crianças sido convidados a participar no estudo no dia da consulta médica dos filhos. Em situações em que ambos os pais acompanhavam a criança, foi solicitada a participação do casal (preenchimento independente). Os participantes foram devidamente informados sobre os objetivos e metodologia do estudo, foi garantido

---

7 O processo de recolha de dados referentes ao CHIP foi simultâneo ao do FHI (*Family Hardiness Index*), cuja descrição se encontra no capítulo 3.

o anonimato e confidencialidade das respostas, o carácter voluntário da participação e assegurado, através do preenchimento de um documento, o seu consentimento informado para participar no estudo. A maioria dos participantes completou o protocolo no contexto hospitalar, numa sala reservada para o efeito (antes ou depois da consulta médica da criança). O questionário de dados sociodemográficos, familiares e sobre a doença foi preenchido na presença da investigadora, em formato de entrevista. Nesta fase de recrutamento da amostra, foram recolhidos dados de 88 mães e pais de 72 crianças com as referidas doenças crónicas.

Numa segunda fase, a amostra foi alargada com a integração de mais 56 mães e pais de crianças com os mesmos diagnósticos médicos, seguidas nas mesmas instituições hospitalares e também em centros de saúde da região centro. Este grupo de pais fez também parte de um estudo de natureza qualitativa que incluía, para além do protocolo de questionários familiares, uma entrevista familiar sobre a experiência de viver com uma criança com uma doença crónica (Cunha, 2011). Neste grupo, foram definidos como critérios de inclusão na amostra: a) estarem presentes as duas figuras parentais na entrevista; b) idade atual da criança ≥ 2 anos e ≤ 12 anos; e c) condição diagnosticada no mínimo há um ano e no máximo há seis anos. Assegurou-se o cumprimento dos procedimentos éticos anteriormente referidos e o contacto com os participantes foi, igualmente, feito através dos médicos das consultas de especialidade. No entanto, a condução da entrevista (e preenchimento do protocolo) foi, na sua grande maioria, agendada para um momento posterior e realizada fora das instituições de saúde (e.g., casa das famílias). O protocolo composto pelos questionários familiares foi preenchido por ambos os pais, separadamente, após a realização da entrevista familiar.

Após análise das não-respostas *(missing values)*, um sujeito foi retirado da amostra por não responder a 16 dos 45 itens do CHIP. Assim, a amostra total integra 143 pais de crianças com diabetes *mellitus* tipo I ($n = 68$), asma ($n = 61$) e artrite idiopática juvenil ($n = 14$). As mães ($n = 93$) apresentam como idade média 36.96 anos ($DP = 5.27$), variando entre os 22 e os 53 anos, e os pais ($n = 50$) uma média de idades de 38.86 anos ($DP = 5.35$), com idades compreendidas entre os 30 e os 54 anos. No que respeita ao nível de escolaridade das mães, verificou-se que a frequência ou conclusão do ensino secundário (31.3%) foi o nível mais representado, seguido da frequência ou conclusão do ensino pós-secundário ou superior (27%). Relativamente aos pais, observou-se uma maior representação da frequência ou conclusão do ensino secundário (36%), seguido da frequência ou conclusão do 3º ciclo do ensino básico (34%). Em relação à categoria profissional, e seguindo a classificação nacional das profissões do Instituto Nacional de Estatística (2010), verificou-se que, no caso das mães, profissões enquadradas no nível 2 (Especialistas das atividades intelectuais e científicas) foram as mais frequentes (22.8%), seguidas das profissões de nível 5 (Trabalhadores dos serviços pessoais, de proteção e segurança e vendedores), com 16.1%, e de nível 4 (Pessoal administrativo), com 14.0%. De notar que 12.9% das mães referiram como ocupação ser "doméstica" e que 10.8% se encontravam desempregadas. Quanto aos pais, a categoria profissional mais representada foi do nível 8 (Operadores de instalações e máquinas e trabalhadores da montagem), com 24.0%, seguida do nível 5 (Trabalhadores dos serviços pessoais, de proteção e segurança e vendedores), com 22.0%, e do nível 7 (Trabalhadores qualificados da indústria, construção e artífices), com 16.0%.

Os participantes residiam maioritariamente na zona centro, nomeadamente nos distritos de Coimbra, Castelo Branco, Leiria, Guarda, Aveiro, Viseu, Santarém, Portalegre e Lisboa. Eram, na sua grande maioria, casados (93%) e tinham em média dois filhos. Considerando as características do agregado familiar, a maioria das famílias era composta pelo casal e dois filhos (55%), ou pelo casal e um filho (26%).

No que respeita às crianças filhas dos participantes ($n = 100$), 51% eram do sexo feminino e 98% de nacionalidade portuguesa. A sua idade média foi de 8.69 anos ($DP = 3.68$), com um mínimo de 2 e máximo de 16 anos. Todas as crianças se encontravam a frequentar níveis de ensino correspondentes à sua faixa etária (do pré-escolar ao 11º ano), com exceção de duas crianças (de dois e três anos) que ainda não estavam a frequentar nenhuma instituição de ensino. No que se refere às condições crónicas de saúde, 48 crianças apresentavam diagnóstico de diabetes *mellitus* tipo I, 44 de asma e oito de artrite idiopática juvenil. O tempo médio ocorrido após o diagnóstico foi de 4.87 anos (*DP* = 3.11).

Ao longo do processo de adaptação desta versão do CHIP, foram desenvolvidos alguns estudos exploratórios com este instrumento, prévios ao que será aqui apresentado. Cunha e Relvas (2009) compararam os dados originais fornecidos pelos autores, no que respeita à utilização dos três padrões de *coping*, com uma amostra portuguesa de 93 mães e pais de crianças com diferentes doenças crónicas (e.g., diabetes *mellitus* tipo I, asma, doença renal, doença hepática, entre outras). Os resultados revelaram valores significativamente mais altos nos Padrões I, II e III na amostra portuguesa, sugerindo uma tendência para estas mães e pais atribuírem maior importância (grau de utilidade) aos comportamentos de *coping* dos três padrões, quando comparados com a amostra estudada pelos autores. Um estudo exploratório de validação do CHIP foi realizado por Almeida (2013), no âmbito de uma investigação de mestrado integrado em Psicologia, apresentada à Faculdade de Psicologia e de Ciências das Educação da Universidade de Coimbra. Neste estudo, foi utilizada parte da amostra descrita no primeiro momento de recolha de dados e realizada uma análise fatorial exploratória do instrumento, que sugeriu uma estrutura fatorial diferente da proposta pelos autores (McCubbin et al., 1983).

Estudos descritivos

No Quadro 2 encontra-se apresentada uma análise descritiva dos 45 itens do CHIP, onde constam os valores para a média, desvio-padrão, moda, mínimo-máximo, assimetria e curtose.

Quadro 2.
Estatísticas descritivas dos itens do CHIP

Item	M	DP	Moda	Mín-Máx	Assimetria	Curtose
1	2.61	0.70	3	0-3	-2.15	4.82
2	1.99	0.93	2	0-3	-0.89	0.11
3	2.71	0.59	3	0-3	-2.56	7.91
4	2.07	1.08	3	0-3	-0.97	-0.35

5	2.66	0.53	3	1-3	-1.23	0.53
6	2.60	0.71	3	0-3	-2.08	4.37
7	1.94	1.01	2	0-3	-0.78	-0.39
8	2.01	0.90	2	0-3	-0.80	0.04
9	1.24	1.01	2	0-3	0.18	-1.13
10	2.34	0.71	3	0-3	-0.96	0.88
11	2.13	0.90	2	0-3	-0.97	0.29
12	1.79	1.05	2	0-3	-0.51	-0.90
13	1.59	0.97	2	0-3	-0.39	-0.82
14	1.86	1.00	2	0-3	-0.62	-0.62
15	2.69	0.49	3	1-3	-1.20	0.24
16	2.60	0.52	3	1-3	-0.72	-0.81
17	2.23	0.71	2	0-3	-0.85	1.08
18	2.20	0.89	3	0-3	-1.00	0.32
19	2.30	0.71	2	0-3	-1.25	2.59
20	2.51	0.63	3	0-3	-1.26	2.12
21	2.42	0.69	3	0-3	-1.31	2.37
22	1.76	0.81	2	0-3	-0.65	0.14
23	2.67	0.49	3	1-3	-0.92	-0.69
24	2.07	0.77	2	0-3	-0.69	0.45
25	2.22	0.71	2	0-3	-0.83	1.10
26	2.01	0.65	2	0-3	-0.81	2.04
27	2.19	0.79	2	0-3	-1.05	1.22
28	2.21	0.77	2	0-3	-0.95	0.95
29	1.69	0.99	2	0-3	-0.37	-0.85
30	1.69	0.94	2	0-3	-0.21	-0.82
31	2.52	0.66	3	0-3	-1.66	3.80
32	1.89	0.88	2	0-3	-0.53	-0.34
33	1.66	0.90	2	0-3	-0.36	-0.56
34	1.85	0.89	2	0-3	-0.63	-0.17
35	2.71	0.53	3	0-3	-1.91	4.48
36	2.53	0.76	3	0-3	-1.92	3.70
37	1.18	1.05	0	0-3	0.28	-1.20
38	2.30	0.79	3	0-3	-1.13	1.04
39	1.62	0.96	2	0-3	-0.26	-0.84
40	2.29	0.76	2	0-3	-1.24	1.90
41	2.71	0.51	3	0-3	-1.89	4.71
42	1.22	1.02	0	0-3	0.21	-1.15
43	2.51	0.68	3	0-3	-1.48	2.41
44	2.51	0.74	3	0-3	-1.69	2.80
45	2.72	0.51	3	0-3	-1.95	4.98

O item 45 ("Fazer coisas com o meu filho") é o que apresenta uma média mais elevada (M = 2.72; DP = 0.51), enquanto o item 37 ("Permitir a mim mesmo(a) zangar-me") obteve a média mais baixa (M = 1.18; DP = 1.05). Com exceção dos itens 5, 15, 16 e 23, todos os restantes apresentam valores que oscilam entre 0 e 3, sendo o valor mais frequente o 2 ("útil") Quanto à assimetria, atendendo ao constructo avaliado pelo CHIP, todos os itens apresentam um valor negativo com exceção dos itens 9, 37 e 42. Já para a curtose (grau de achatamento da distribuição), os itens que se encontram mais afastados do valor zero são os itens 1, 3, 6, 35, 41 e 45.

Considerando as duas outras alternativas de resposta aos itens, aplicáveis quando os pais referem não utilizar o comportamento de *coping* ("não lido desta forma porque"), verificou-se que os itens 13 (n = 9), 37 (n = 9) e 39 (n = 9) foram os mais cotados na opção "decidi não fazê-lo" e que os itens 34 (n = 9), 13 (n = 7) e 29 (n = 7) foram os mais frequentes na opção "não é possível".

Estudos de precisão: Consistência interna

A evidência de precisão dos itens do CHIP foi averiguada através da análise da consistência interna, com recurso ao cálculo do coeficiente alfa de Cronbach para os três Padrões de *Coping* identificados nos estudos de análise fatorial exploratória (cf. Quadro 3). Assim sendo, o Fator 1 apresenta um valor de .88, o Fator 2 de .82 e o Fator 3 de .80, valores estes considerados como bons indicadores de fiabilidade, segundo Pestana e Gageiro (2008). De notar que qualquer um destes valores é superior aos obtidos na versão original do CHIP, que oscilavam entre .71 e .79. A análise dos valores do coeficiente alfa de Cronbach, para cada um dos padrões ao excluir qualquer um dos itens, indica-nos que a sua exclusão não aumenta de forma expressiva a consistência interna. Os valores das correlações item-total corrigidas revelam uma adequada capacidade discriminante de todos os itens (r > .30), à exceção dos itens 31 (r = .12) e 44 (r = .28), com os valores a oscilarem entre .41-.64 para F1, .12-.60 para F2 e .28-.56 para F3.

Estudos de precisão: Acordo entre informadores

Para 39 crianças da amostra total em relação às quais foi preenchida uma versão do CHIP pelo pai e pela mãe (de forma independente), procedeu-se a um estudo de acordo entre informadores. Para tal, calcularam-se os coeficientes de correlação de Pearson entre os três padrões considerados nos estudos de análise fatorial exploratória para as cotações de pais e mães. Para os dois primeiros fatores obtiveram-se correlações moderadas e estatisticamente significativas: F1 = .44 e F2 = .54 ($p < .01$). Quanto ao F3, a correlação obtida não alcançou o limiar de significância estatística ($r = .25$, ns).

Estudos de validade de constructo: Análise fatorial exploratória

A evidência de validade interna do CHIP foi verificada através de estudos de análise fatorial exploratória. Assim, num primeiro momento, foi averiguado o cumprimento dos pressupostos para a realização da referida análise. Em relação ao critério de Kaiser-Meyer-Olkin (KMO), o valor obtido de .769 revelou-se ajustado para a realização da análise em componentes principais, tal como o teste de esfericidade de Bartlett, χ^2 (990) = 2682.27, $p < .001$, mostrou que existem correlações entre as variáveis (Pestana & Gageiro, 2008). A análise da matriz de componentes inicial não rodada apontava para uma solução de 12 fatores (com valores próprios superiores a 1) que, em conjunto, explicariam 67.12% da variância total. No entanto, a análise do *scree-plot* indicou que uma solução de três fatores seria plausível, com base no ponto de inflexão da curva (cf. Figura 1).

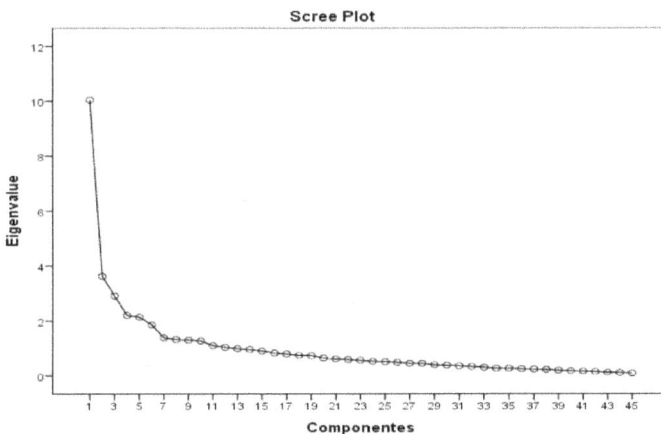

Figura 1. Scree-Plot: Solução inicial para os 45 itens do CHIP.

Neste sentido, foi efetuada uma rotação *varimax* forçada a três fatores, permitindo assim comparar os resultados obtidos com a estrutura fatorial sugerida pelos autores do CHIP. A análise do Quadro 3 permite concluir que, apesar do recurso a uma solução trifatorial que explica 36.85% da variância total, semelhante aos três padrões de *coping* identificados por McCubbin et al. (1983), existem diversos itens que não se encontram agrupados nos mesmos fatores, não se confirmando assim uma correspondência com a escala original, em termos estatísticos e teóricos.

Assim, a primeiro fator, composto por 15 itens com saturações a oscilarem entre .454 e .677, corresponde ao Padrão II identificado por McCubbin et al., (1983) – *Manutenção do Suporte Social, Auto-Estima e Estabilidade Psicológica*, com 14 itens comuns a ambas as soluções (todos os itens com exceção do item 28). O item 28 ("Dizer a mim próprio(a) que tenho muitas coisas que devo agradecer"), não obstante na versão original pertencer ao Padrão I, pode considerar-se teoricamente coerente com um comportamento de manutenção de estabilidade psicológica. Este fator reúne, assim, 15 itens que remetem essencialmente para comportamentos relacionados com a manutenção de auto-estima e estabilidade psicológica (cf. Quadro 3).

Como consta do Quadro 3, o segundo fator engloba 16 itens, com saturações entre .290 e .714, dos quais 11 itens pertencem ao Padrão I da versão original do CHIP – *Integração Familiar, Cooperação e Definição Otimista da Situação* (itens 1, 3, 8, 13, 18, 21, 26, 31, 36, 41 e 45). Note-se que os itens 8, 26 e 31 apresentam dupla saturação e que a sua inclusão neste fator se ficou a dever à sua consonância teórica com a versão original da escala. Os cinco itens restantes que integram este fator (2, 24, 30, 33 e 34) pertencem originalmente aos outros dois padrões. Assim, os itens 2, 24 e 33 (originalmente pertencentes aos Padrão II), teoricamente coerentes com a noção de suporte social, passam a integrar este fator. Também o item 34 ("Sair com o meu cônjuge/companheiro(a) de forma regular"), apesar de originalmente pertencente ao Padrão II, apresenta coerência teórica com a noção de fortalecimento das relações familiares, daí a sua fixação neste padrão. Por fim, originalmente pertencente ao Padrão III, o item 30 ("Explicar a situação familiar a amigos e vizinhos para que eles nos compreendam"), pode considerar-se representativo de um comportamento consonante com a noção de manutenção de suporte social (apesar do menor valor de saturação neste padrão). Este fator reúne, assim, 16 itens que remetem essencialmente para comportamentos de fortalecimento da vida familiar e manutenção de suporte social. Por fim, encontramos o terceiro fator com 14 itens, com saturações a assumirem valores entre .244 e .689, com um total de sete itens (itens 5, 10, 15, 20, 25, 35, 40) que pertencem ao Padrão III do CHIP – *Compreensão da Situação Médica através da Comunicação com outros Pais e Consulta com os Membros da Equipa de Saúde* (cf. Quadro 3). Os restantes itens que integram este fator pertencem originalmente ao Padrão I, não obstante alguns estarem centrados na situação/cuidados médicos (itens 11, 43). Os itens 6, 16, 23 e 44 contêm afirmações relacionadas com a avaliação que os pais fazem da condição e cuidados médicos prestados à criança e são tradutoras de uma definição otimista da situação (e.g., item 6 "Acreditar que o meu filho vai melhorar"). Este fator reúne, assim, itens que remetem para a compreensão da situação médica através do relacionamento com outros pais e com a equipa de saúde e para uma definição otimista da situação. Excetua-se o item 38 ("Investir tudo de mim no(s) meu(s) filho(s)") que, teoricamente, não se enquadra nesta composição.

Quadro 3.
Matriz rodada, comunalidades e variância explicada (Rotação Varimax) – CHIP

Itens	Fatores			h^2
	1	2	3	
42. Poder afastar-me das tarefas...	.677			.458
27.Tornar-me mais auto-confiante...	.633			.401
14. Dar um tempo...	.610			.372
32. Manter-me em forma...	.604			.365
4. Dormir...	.598			.358
12. Comer...	.571			.326
28. Dizer a mim próprio(a) que tenho...	.565			.319
22. Investir tempo e energia...	.558			.311
19. Desenvolver-me enquanto...	.556			.309
37. Permitir a mim mesmo(a)...	.547			.299
39. Falar com alguém...	.546			.298

7. Trabalhar, ter um...	.539			.291
26. Fazer coisas com outros...	.500	**.459**		.461
9. Comprar presentes para...	.492	.411		.411
29. Concentrar-me em...	.483	.438		.425
17. Estabelecer relações...	.454	.434		.394
8. Mostrar que...	.370	**.310**		.233
34. Sair com o meu cônjuge...		.714		.510
1. Conversar, com o cônjuge...		.630	.316	.497
24. Receber amigos...		.617		.381
33. Envolver-me em atividades...	.401	.596		.516
3. Confiar no meu cônjuge...		.592		.350
2. Estabelecer relacionamentos...		.570		.325
36. Fortalecer a relação com...		.542		.294
45. Fazer coisas com...		.529	.331	.390
21. Fazer coisas enquanto...		.525		.276
13. Pedir ajuda a outros membros...		.429		.184
41. Tentar manter a estabilidade...		.412	.337	.284
18. Acreditar ...		*.294*		.086
30. Explicar a situação familiar a...		*.290*		.084
15. Falar com o médico sobre...			.689	.475
5. Falar com o pessoal médico...			.650	.423
16. Acreditar que o centro de saúde/hospital...			.639	.408
35. Ter a certeza que os tratamentos...			.607	.368
43. Saber que o meu filho é visto...			.546	.298
25. Ler sobre a forma como...		.324	.545	.402
40. Ler mais sobre o problema...			.490	.240
11. Tomar conta de todo o equipamento...			.488	.238
20. Falar com outros pais...			.487	.237
23. Acreditar que o meu filho...			.487	.237
31. Encorajar a criança...		**.349**	.454	.328
38. Investir tudo de mim...			.423	.179
10. Falar com outras pessoas/pais...			.417	.174
6. Acreditar que o meu filho...			.376	.141
44. Acreditar que as coisas...			*.244*	.060
% Variância explicada	14.11	11.77	10.97	

Nota. A itálico estão assinaladas as saturações com valores inferiores a .30. A negrito encontram-se assinaladas as saturações dos itens com dupla saturação incluídos noutro padrão.

Conclui-se assim que a solução obtida com base nos estudos de análise fatorial exploratória apresenta uma sobreposição com a versão original do CHIP para 32 dos 45 itens.

Estudos de validade de constructo: Análise fatorial confirmatória

Foram realizados estudos de análise fatorial confirmatória do modelo proposto pelos autores da versão original do CHIP de modo a analisar a possibilidade da sua adequação para os nossos dados (N = 125). Deste modo, foi testado um modelo composto por três fatores: Padrão I (itens 1, 3, 6, 8, 11, 13, 16, 18, 21, 23, 26, 28, 31, 36, 38, 41, 43, 44, 45), Padrão II (itens 2, 4, 7, 9, 12, 14, 17, 19, 22, 24, 27, 29, 32, 33, 34, 37, 39, 42) e Padrão III (itens 5, 10, 15, 20, 25, 30, 35, 40). Apesar de todas as saturações estandardizadas se situarem acima de .30: Padrão I = .324-.635, Padrão II = .402-.710 e Padrão III = .301-.637, os índices de ajustamento do modelo testado revelaram-se inadequados. Assim, $\chi2$ = 1896.80 (p < .001), $\chi2/gl$ = 2.011, *Comparative Fit Index* = .543, *Goodness of Fit Index* = .590, sendo estes dois últimos valores muito distantes dos valores de referência (.95). O mesmo se passa com o *Root Mean Square Error of Approximation* com um valor de .090 (Lo = .084, Hi = .096), também acima do .06 recomendado na literatura (Byrne, 2010; Marôco, 2010). Mesmo atendendo aos índices de modificação, os índices de ajustamento não alcançam os valores esperados. Conclui-se, desta forma, que apesar das discrepâncias encontradas em relação à composição dos três padrões aquando dos estudos de análise fatorial exploratória, também o modelo original do CHIP não se adequa aos dados recolhidos.

Estudos de validade: Comparação de grupos

Foi ainda efetuado um estudo com recurso ao teste *t* de *Student* para amostras independentes, no sentido de comparar os resultados obtidos nos três padrões considerados, nos grupos de pais e mães de crianças com asma (n = 58) e diabetes (n = 63). O grupo de pais e mães de crianças com artrite juvenil não foi considerado para este estudo, atendendo à sua reduzida dimensão (n = 14).

Quadro 4
Comparação de grupos: Teste t de Student asma e diabetes

Padrão CHIP	Grupo Asma (n = 58)		Grupo Diabetes (n = 63)			
	M	DP	M	DP	t	p
F1	26.62	9.46	28.79	7.58	-1.399	.164
F2	34.24	7.29	36.15	6.05	-1.589	.115
F3	34.56	5.27	35.16	4.68	-0.665	.507

Nota. F1, F2 e F3 = Fatores identificados nos estudos de AFE.

Como se observa no Quadro 4, apesar do grupo de pais e mães de crianças com diabetes apresentar uma média tendencialmente superior ao grupo de pais e mães de crianças com asma para os três padrões do CHIP, nenhuma diferença alcança o limiar de significância estatística.

3. Aplicação
Como aplicar, cotar e interpretar?

O CHIP foi desenvolvido para avaliar a perceção que os pais têm sobre os comportamentos de *coping* que utilizam e consideram uteis (ou não) para lidar com a vida familiar quando têm um filho gravemente doente, por um curto período de tempo, ou com uma condição médica crónica que exige cuidados continuado e/ou cronicamente doente. Como tal, poderá ser aplicado a pais (ou outros cuidadores) de crianças nestas situações.

Trata-se de instrumento de auto-resposta, de aplicação individual, e para o seu preenchimento é apenas necessária uma versão em papel e um lápis/caneta. Ao respondente é solicitado que classifique, numa escala de 0 a 3 (Nada útil; Minimamente Útil; Útil; Extremamente útil), a utilidade, para lidar com a situação familiar, de cada um dos 45 comportamentos apresentados. Se um comportamento de *coping* não for utilizado, os respondentes deverão indicar porque razões não o utilizam: a) porque decidi não fazê-lo; ou b) porque não é possível.

No que respeita aos procedimentos de cotação, poderá ser calculado um resultado total do CHIP, através da soma dos valores correspondentes aos níveis da escala (0 = Nada útil; 1 = Minimamente Útil; 2 = Útil; 3 = Extremamente útil), nos 45 itens. Os comportamentos que não são utilizados são equivalentes a 0. Podem ainda ser calculados resultados para cada padrão de *coping*, somando as pontuações dos itens correspondentes. Considerando a estrutura fatorial apresentada neste estudo, o Padrão I integra 15 itens (4, 7, 9, 12, 14, 17, 19, 22, 27, 28, 29, 32, 37, 39, 42), o Padrão II engloba 16 itens (1, 2, 3, 8, 13, 18, 21, 24, 26, 30, 31, 33, 34, 36, 41, 45) e o Padrão III inclui os restantes 14 itens do instrumento (5, 6, 10, 11, 15, 16, 20, 23, 25, 35, 38, 40, 43, 44).

4. Vantagens, limitações e estudos futuros

Desenvolvido para avaliar a perceção dos pais sobre os comportamentos de *coping* que utilizam para lidar com a vida familiar quando têm um filho gravemente doente, o CHIP revela-se um instrumento útil para investigação, apresentando ainda potencialidades enquanto ferramenta clínica, podendo auxiliar os profissionais no contacto com famílias de crianças com doenças graves/crónicas e a perceber como cada pai está a lidar com a situação (McCubbin, Thompson, & McCubbin, 2001).

A versão portuguesa do CHIP apresenta uma estrutura fatorial semelhante à sua versão original, no que se refere ao número de fatores. No entanto, os fatores extraídos revelam uma configuração distinta, destacando-se neste estudo: a) a composição de um fator que inclui itens que traduzem tentativas de envolvimento em atividades que aumentam a autoestima e comportamentos para lidar com as tensões e pressões psicológicas (Padrão I); b) a agregação de itens que traduzem os esforços parentais para desenvolver relacionamentos com outras pessoas com comportamentos focalizados no fortalecimento da vida familiar (Padrão II*)*; e c) a integração conjunta de itens relacionados com a compreensão da situação médica e a avaliação que os pais fazem da situação (Padrão III). Esta versão revela boas qualidades psicométricas, com valores de consistência interna nos três padrões de *coping* superiores aos da versão original. Não sendo o CHIP um instrumento aplicável a nenhuma doença particular, este estudo vem também sugerir a ausência de diferenças na utilização de comportamentos de *coping* entre pais de crianças com asma e com diabetes.

Uma limitação a apontar neste estudo, particularmente na interpretação dos resultados relativos à estrutura fatorial do instrumento, prende-se com o reduzido tamanho da amostra utilizada. Deste modo, estudos futuros de validação beneficiariam com a integração de amostras mais alargadas, incluindo diferentes parâmetros, como outros diagnósticos, características da doença (e.g., duração e gravidade) ou diferentes grupos etários. A consideração futura de outras medidas de avaliação (e.g., *coping* parental, funcionamento familiar) poderá, igualmente, representar um contributo para o estudo da evidência de validade deste instrumento.

5. Bibliografia

Aguilar-Vafaie, M.A. (2008). Coping-Health Inventory for Parents: Assessing coping among Iranian parents in the care of children with cancer and introductory development of an adapted Iranian Coping-Health Inventory for Parents. *Children's Health Care, 37,* 237-260. doi: 10.1080/02739610802437202

Almeida, A. R. (2013). *Coping parental e resistência familiar na asma e na diabetes: Um estudo exploratório.* Dissertação de Mestrado não publicada. Faculdade de Psicologia e de Ciências da Educação. Universidade de Coimbra.

Auslander, W., Bubb, J., Rogge, M., & Santiago, J. (1993). Family stress and resources: Potential. areas of intervention on children recently diagnosed with diabetes. *Health & Social Work, 18*(2), 101-113. doi: 10.1093/hsw/18.2.101

Byrne, B. M. (2010). *Structural equation modelling with AMOS: Basic concepts, applications, and programming* (2nd ed.). New York: Routledge.

Cavallo, S., Feldman, D. E., Swaine, B., Meshefedjian, G., Malleson, P. N., & Duffy, C. M. (2009). Is parental coping associated with quality of life in juvenile idiopathic arthritis? *Pediatric Rheumatology, 7,* 7. doi: 10.1186/1546-0096-7-7

Cunha, A. I. (2011). *Histórias e trajectórias de adaptação e resiliência familiar na doença crónica pediátrica.* Dissertação de Doutoramento não publicada. Faculdade de Psicologia e de Ciências da Educação. Universidade de Coimbra. Disponível em: http://hdl.handle. net/10316/20310

Cunha, A. I. & Relvas, A. P. (2009). Estratégias de *coping* parental na doença pediátrica: Dados preliminares sobre a utilização do CHIP numa amostra portuguesa. Poster apresentado no I Congresso Luso-Brasileiro de Psicologia da Saúde (Faro, Portugal.).

Garro, A. (2011). Coping patterns in Latino families of children with asthma. *Journal of Pediatric Health Care, 25*(6), 347-354. doi: 10.1016/j.pedhc.2010.04.005

Goldbeck, L. (2001). Parental coping with the diagnosis of childhood cancer: Gender effects, dissimilarity within couples, and quality of life. *Psycho-Oncology, 10,* 325-335. doi: 10.1002/pon.530

Han, H., Cho, E. J., Kim, D., & Kim, J. (2009). The report of coping strategies and psychosocial adjustment in Korean mothers of children with cancer. *Psycho-Oncology, 18,* 956-954. doi: 10.1002/pon.1514

Hawley, D. R., & DeHaan, L. (1996). Toward a definition of family resilience: Integrating life-span and family perspectives. *Family Process, 35,* 283-298. doi: 10.1111/ j.1545-5300.1996.00283.x

Instituto Nacional de Estatística (2010). *Classificação portuguesa das profissões 2010.* Lisboa: INE.

Lesar, S., & Maldonado, Y. (1996). Parental coping strategies in families of HIV-infected children. *Children's Health Care, 25*(1), 19-35. doi: 10.1207/s15326888chc2501_3

Marôco, J. (2010). *Análise de equações estruturais: Fundamentos teóricos, software & aplicações.* Pêro Pinheiro: ReportNumber.

McCubbin, H. I., McCubbin, M. A., Nevin, R., & Cauble, E. (1981). Coping Health Inventory for Parents (CHIP). In H. I. McCubbin, A. I. Thompson, & M. A. McCubbin (2001). *Family assessment: Resiliency, coping and adaptation- inventories for research and practice* (pp. 407-453). Madison: University of Wisconsin System.

McCubbin, H. I., McCubbin, M. A., Patterson, J. M., Cauble, A. E., Wilson, L. R., & Warwick, W. (1983). CHIP-Coping Health Inventory for Parents: An assessment of parental coping patterns in the care of the chronically ill child. *Journal of Marriage and the Family, 45* (2), 359-370. doi: 10.2307/351514

McCubbin, H. I., Thompson, A. I., & McCubbin, M. A. (2001). *Family assessment: Resiliency, coping and adaptation- Inventories for research and practice.* Madison: University of Wisconsin System.

McCubbin, M. A. & McCubbin, H. I. (1996). Resiliency in families: A conceptual. model of family adjustment and adaptation in response to stress and crises. In H. I. McCubbin, A. I. Thompson, & M. A. McCubbin (2001). *Family assessment: Resiliency, coping and adaptation- Inventories for research and practice.* (pp. 1-64). Madison: University of Wisconsin System.

Mu, P. (2005). Paternal reactions to a child with epilepsy: Uncertainty, coping strategies, and depression. *Journal of Advanced Nursing, 49*(4), 367-376. doi: 10.1111/ j.1365-2648.2004.03300.x

Patterson, J. M., Budd, J., Goetz, D., & Warwick, W. J. (1993). Family correlates of a 10-year pulmonary health trend in cystic fibrosis. *Pediatrics, 91*(2), 383-389.

Pereira, M. G., Almeida, C., Rocha, L., & Leandro, E. (2011). Predictors of adherence, metabolic control and quality of life in adolescents with Type 1 Diabetes. In L. Chih-Pin (Ed.). *Type 1 Diabetes: Complications, pathogenesis and alternative treatments (Book 3)* (pp. 119-140). USA: InTech.

Pestana, M. H., & Gageiro, J. N. (2008). *Análise de dados para ciências sociais: a complementaridade do SPSS* (5ª ed.). Lisboa: Sílabo.

Stallwood, L. (2005). Influence of caregiver stress and coping on glygemic control of young children with diabetes. *Journal of Pediatric Health Care, 19,* 293-300. doi: 10.1016/j. pedhc.2005.04.003

Walsh, F. (1998). *Strengthening family resilience.* New York: The Guilford Press.

Walsh, F. (2002). A family resilience framework: Innovative practice applications. *Family Relations, 51*(2), 130-137. doi: 10.1111/j.1741-3729.2002.00130.x

ESCALA DO IMPACTO DA DOR NA FAMÍLIA (FIPS)

Sandra Branco
Alda Portugal
Luciana Sotero
Ana Paula Relvas

"Um dos aspetos mais fascinantes da dor é a ambiguidade da sua presença entre o corpo e a mente."

(Lima & Trad, 2007, p. 2672)

Resumo

A Escala do Impacto da Dor na Família é a versão portuguesa da *The Family Impact of Pain Scale* (FIPS; Newton-John, 2005), um questionário de auto-resposta composto por 10 itens que permite avaliar o impacto da dor crónica na família. A partir de uma amostra de 51 sujeitos com dor crónica foram realizados estudos de tradução e adaptação para a população portuguesa, assim como estudos descritivos, de precisão e de validade de constructo. Os resultados demonstram uma elevada consistência interna dos itens (α = .91). Na análise fatorial confirmatória não se verificou uma correspondência com os fatores da escala original. As correlações, com base no coeficiente de Spearman, permitem concluir que existe uma relação estatisticamente significativa entre o impacto da dor crónica na família e as crenças de autoeficácia e a depressão

DOI: https://doi.org/10.14195/978-989-26-1268-3_8

(r = -.754, p < .01; r = .332, p < .05, respetivamente). Futuramente, o estudo da dor crónica na família deverá contemplar, não só os sujeitos com dor crónica, como também os seus familiares.

Palavras-chave: dor crónica, família, FIPS, estudos psicométricos.

Abstract

The *Escala do Impacto da Dor Crónica na Família* is the Portuguese version of The Family Impact of Pain Scale (FIPS; Newton-John, 2005), a 10-item self-report scale assessing the impact of chronic pain in the family. Based on a sample of 51 subjects with chronic pain, studies of translation and adaptation for the Portuguese population were performed, as well as descriptive, reliability, and construct validity studies. The results reveal strong reliability for the items (α = .91). In confirmatory factor analysis it wasn't found a correspondence with the factor structure of the original scale. Correlations based on Spearman's coefficient allow us to conclude that there is a statistical significant relationship between the impact of chronic pain in the family and the self-efficacy beliefs and depression (r = -.754, p < .01; r = .332, p < .05, respectively). In the future, the study of chronic pain in the family should include not only subjects with chronic pain as well as their relatives.

Keywords: chronic pain, family, FIPS, psychometric studies.

1. Instrumento
O que é, o que avalia e a quem se aplica?

No Quadro 1 apresenta-se a ficha técnica da versão original da Escala do Impacto da Dor na Família (FIPS; Newton-John, 2005).

Quadro 1.
Ficha técnica da FIPS

O que é?	A Escala do Impacto da Dor na Família é versão portuguesa da *The Family Impact of Pain Scale* (FIPS), publicado originalmente em 2005 por Toby Newton-John, em Inglaterra

O que avalia?

A FIPS é uma escala de auto-resposta composta por 10 itens que pretende avaliar em que medida as atividades e interações familiares (e.g., "levar a cabo tarefas domésticas", "ter uma vida social com a família") são afetadas na presença de dor crónica num dos seus elementos. Os 10 itens da escala encontram-se repartidos por duas subescalas: Atividade Física e Interação Pessoal (versão original)

Estrutura da FIPS (versão original)		
Subescala	Número Itens	Descrição
Atividade Física (AF)	8	Mede a forma como as limitações físicas decorrentes da dor crónica interferem na execução de determinadas atividades com algum grau de esforço físico [e.g., item 1 – "Levar a cabo tarefas domésticas (por ex. fazer compras, limpeza, etc.)"]
Interação Pessoal (IP)	2	Avalia em que medida a dor crónica afeta a realização de atividades de interação interpessoal (e.g., item 5 – "Estar envolvido em decisões familiares")

A quem se aplica?	A FIPS foi desenvolvida para compreender a perceção do sujeito que padece de dor crónica relativamente ao impacto da sua dor no seio familiar, sendo, assim, aplicada a sujeitos com dor crónica e idade igual ou superior a 18 anos. A escala destina-se à utilização em contexto clínico e de investigação
Como ter acesso?	O acesso à FIPS pode ser efetuado através da página http://www.fpce.uc.pt/avaliaçaofamiliar que contém todos os instrumentos de avaliação apresentados neste livro. Os utilizadores deverão facultar os contactos pessoais e institucionais, bem como dados acerca do propósito da utilização da FIPS (e.g. investigação, prática clínica) e concordar com as condições de utilização e de partilha dos resultados com os autores da versão portuguesa

Fundamentação e história

A experiência de dor é um fenómeno complexo e subjetivo e, por isso, difícil de definir, no sentido em que a sua perceção e interpretação difere de pessoa para pessoa (Dias, 2007; Melzack, 1996; Silva, Neto,

Figueiredo, & Barbosa-Branco, 2007; Silver, 2004), estando relacionada com as idiossincrasias de quem a experiencia (Silva et al., 2007). Deste modo, na literatura são apresentadas diversas definições de dor crónica. A *International Association for the Study of Pain* (IASP) (citado por Azevedo, Costa-Pereira, Mendonça, Dias, & Castro-Lopes, 2012) define dor crónica como uma dor que permanece durante três meses ou mais, após o tempo normal de cicatrização dos tecidos da lesão que lhe deram origem. Relativamente à duração da dor, a IASP considera conveniente um ponto de corte de três meses (Azevedo et al., 2012), contudo este critério temporal não é consensual entre os profissionais de saúde. Em Portugal, tal como contemplado no Plano Nacional de Controlo da Dor (2008), a Direção Geral da Saúde tem por base a definição proposta pela IASP. Ainda assim, o período mínimo de tempo de seis meses parece ser o mais usual (Silver, 2004).

Também o Manual de Diagnóstico e Estatística das Perturbações Mentais (DSM-IV-TR; American Psychiatric Association, 2002) descreve a dor como uma condição crónica de doença. Segundo os critérios do DSM-IV-TR, a dor crónica, com duração igual ou superior a seis meses, pressupõe: a) a existência de dor anatómica, numa ou mais localizações, cuja gravidade é suficiente para merecer atenção clínica; b) sofrimento clinicamente significativo e incapacidade social, ocupacional ou nou-tras áreas importantes do funcionamento individual; c) que os fatores psicológicos desempenhem um papel importante no início, gravidade, exacerbação e manutenção da dor; d) que o sintoma ou défice não seja intencional ou simulado; e e) que a dor não seja explicada por uma perturbação do humor, da ansiedade ou psicótica e não preencha os critérios de dispareunia.

Estudos epidemiológicos relatam uma elevada prevalência da dor crónica na Europa. Uma investigação realizada por Breivik, Collett, Ventafridda, Cohen e Gallacher (2006) em 15 países europeus (nos quais Portugal não está incluído) e em Israel permitiu concluir que a dor crónica afeta 19% dos adultos. Na população portuguesa, no estudo levado a cabo por Azevedo e colaboradores (2012), concluiu-se que cerca de 36,7% da população adulta portuguesa sofre de dor crónica.

No que diz respeito às condições de dor mais comuns, Silver (2004) identifica a artrite, dor lombar, dor facial, dor de cabeça, fibromialgia, dor de pescoço, dor abdominal, dor pélvica e dor no pé. Atendendo a estes indicadores e às descrições da literatura sobre o impacto negativo a nível pessoal, familiar e social (Dias, 2007; Lima & Trad, 2007; Miceli, 2002; Seymour & Paz, 2004; West, Usher, Foster, & Stewart, 2012), torna-se evidente a pertinência do estudo do impacto da dor crónica no doente e seu sistema familiar.

Nos últimos anos, a investigação no âmbito dor crónica tem-se debruçado sobre o impacto desta problemática a nível individual, ou seja, nos efeitos diretos sobre a vida dos doentes. A literatura identifica dificuldades na expressão de emoções e na capacidade de envolvimento empático entre os pacientes e os restantes membros da família (Roy, 2006), o *distress* emocional e consequente distanciamento do sujeito em relação à família (Smith & Friedemann, 1999), o impacto ao nível emocional com sentimentos de autoculpabilização, de raiva e medo (West, Usher, et al., 2012) e, de um modo geral, dificuldades na realização de tarefas domésticas e ocupacionais (Roy, 2006; Silver, 2004; Smith & Friedemann, 1999; West, Usher, et al., 2012).

Por sua vez, o impacto da dor crónica no seio da família traduz-se, habitualmente, em dificuldades em diversas dimensões do funcionamento familiar, tais como a resolução de problemas familiares, a relação conjugal, a (re)definição de papéis e a comunicação (Roy, 2006; Silver, 2004; Smith & Friedemann, 1999; West, Usher, et al., 2012). Prevê-se que ocorram alterações na estrutura e dinâmicas familiares, dado que, frequentemente, as relações e funções familiares se concentram nos cuidados prestados ao familiar doente (Bazako, 2003; Lopes, 2007; Martins, 2009; Power & Orto, 2004, citados por Fernandes, 2011), tendo em consideração que "a dor crónica é acompanhada por um conjunto complexo de alterações somáticas e psicossociais" (Coniam & Diamond, 2001 citado por Dias, 2007, p. 2), Contudo, este processo não é linear, pelo que varia de família para família, dependendo de fatores como os recursos (e.g., emocionais e financeiros) que os sujeitos possuem, a adaptação e a coesão familiar (Fernandes, 2011).

Apesar da vasta investigação descrita anteriormente, a falta de instrumentos de avaliação do impacto da dor crónica na família representa uma lacuna nesta área. Alguns dos estudos mencionados recorrem a instrumentos de avaliação diádicos, tais como o *Lock-Wallace Marital Adjustment* (Locke & Wallace, 1959) ou a escala *Dyadic Adjustment* (Spanier, 1976), sendo que a perspetiva familiar parecia estar a descoberto. Estes instrumentos avaliam de forma limitada o impacto da dor na família, pois destinam-se apenas a avaliar o efeito da dor na díade conjugal, ou seja, as perceções dos restantes membros da família não são tidas em conta no momento da avaliação (Newton-John, 2005). Neste sentido, a *The Family Impact of Pain Scale* foi desenvolvida com o objetivo de avaliar o impacto da dor crónica nas atividades e interações familiares, tendo, assim, a mais-valia de considerar todos os elementos da família, possibilitando uma melhor compreensão do impacto da dor crónica na família, englobando todos os sujeitos relacionados biológica, emocional ou legalmente (West, Beuttner, Foster, & Usher, 2012).

Na investigação original da FIPS (Newton-John, 2005), os itens da escala derivaram de outros instrumentos de avaliação de incapacidade e da observação clínica. Inicialmente, o grupo de investigadores desenvolveu uma escala de 18 itens que foi alvo de um estudo-piloto, por forma a assegurar a legibilidade e a adaptabilidade para a maioria dos padrões familiares. Deste estudo inicial resultaram os 10 itens da FIPS, tendo sido, posteriormente, utilizadas duas amostras para estudar as suas qualidades psicométricas. Aos participantes era pedido que refletissem sobre cada item e, posteriormente, indicassem, numa escala de 0 a 10, em que 0 corresponde a "a dor não interfere" e 10 a "a dor interfere completamente", em que medida a dor teria impacto na execução de cada atividade. A primeira amostra foi constituída por 113 sujeitos que sofriam de dor há pelo menos seis meses, sem recorrer a cirurgia ou a outros tratamentos invasivos, ou seja, sem qualquer tipo de intervenção médica relativa ao tratamento ou controlo da dor. A estes sujeitos foi administrado um protocolo de avaliação com o intuito de avaliar o impacto da dor crónica na família, a intensidade da dor, a sintomatologia depressiva, a utilização de estratégias de *coping*, a autoeficácia e as capacidades físicas. A segunda amostra incluía 64 pacientes com dor crónica (critérios de inclusão de duração da dor semelhantes aos da primeira amostra) que frequentavam um programa de controlo da dor, de orientação cognitivo- -comportamental, no Hospital Nacional de Neurologia e Neurocirurgia de Londres. Estes sujeitos participaram num programa de controlo da dor em nove tratamentos durante oito semanas (dois dias na primeira semana) e completaram a bateria de instrumentos de avaliação e uma série de avaliações físicas no primeiro e no último dia do programa. Posteriormente, foram realizadas sessões de *follow-up* após 1, 3, 6, e 12 meses. Para estudar a consistência interna, a estrutura fatorial, a validade convergente e divergente e a validade critério foram utilizados os dados da primeira amostra. A segunda amostra foi recolhida com o propósito de explorar a sensibilidade clínica da escala, isto é, a sua capacidade para detetar os efeitos dos tratamentos.

Os estudos efetuados indicam que a FIPS surge como uma ferramenta adequada para avaliar o impacto da dor crónica na qualidade de vida do sujeito e da sua família, salientando-se diversas vantagens na sua utilização, nomeadamente, o facto de ser um questionário breve, fácil de administrar e aplicável a indivíduos com dor crónica que tenham uma variedade de pessoas significativas na sua vida (e.g., companheiro, pais, irmãos, filhos, colegas) (Newton-John, 2005). O autor concluiu, também, que a escala possui uma boa estabilidade temporal, elevada consistência interna ($\alpha = .94$) e validade preditiva e de constructo, evidenciando a fiabilidade dos resultados obtidos com a escala. Relativamente à estrutura fatorial, a escala original apresentou um modelo bifatorial, com uma dimensão relativa à Atividade Física (constituída pelos itens 1, 2, 4, 6, 7, 8, 9 e 10) e uma dimensão referente à Interação Pessoal (itens 3 e 5). No que diz respeito à intervenção cognitivo-comportamental no controlo da dor (2ª amostra), os resultados da investigação revelam uma sensibilidade adequada, ou seja, a escala possibilita uma boa compreensão dos efeitos da intervenção no controlo da dor, dado que os sujeitos apresentaram resultados mais baixos nas escalas aplicadas após o programa de intervenção.

Para além dos estudos já reportados, a respeito da escala original, existe ainda a aferição da FIPS para a população Australiana. Esta última foi levada a cabo por West, Buettner e colaboradores (2012), com uma amostra de 67 pacientes com dor crónica em North Queensland, Austrália. Nesta investigação, tanto os sujeitos com dor crónica (n = 31), como os respetivos familiares (n = 36) responderam à FIPS. Foi também elaborado um protocolo de avaliação que incluía, para além da FIPS, escalas de avaliação da resiliência, do estado de saúde geral físico e mental e da perceção da disponibilidade de apoio funcional. Conforme referido, nesta investigação foram avaliadas as perceções dos sujeitos com dor e, também, dos seus familiares, permitindo concluir que os indivíduos que padecem de dor consideram existir um impacto médio da dor na família (FIPS: M = 5.25; DP = 2.22), ao passo que os outros elementos da família revelam um menor impacto (FIPS: M = 4.39; DP = 2.25). Relativamente às qualidades psicométricas, os resultados revelaram-se consistentes com o estudo anterior, indicando elevada consistência interna (α = .89) e validade preditiva e de constructo, demonstrando que a FIPS é uma medida fiável do impacto da dor crónica nas famílias australianas (West, Beuttner, et al., 2012).

Deste modo, tanto na população inglesa como na australiana, pode concluir-se que a FIPS possui uma elevada consistência interna, sendo uma medida fiável do impacto da dor crónica na família.

2. Estudos em Portugal
Como foi desenvolvido e adaptado?

Estudos de tradução e adaptação

Inicialmente, o autor original da escala foi contactado, com vista ao pedido de permissão para a utilização da mesma para fins de investigação e realização de estudos psicométricos. Após uma resposta afirmativa por parte do autor, deu-se início ao processo de tradução para português que, de acordo com as diretrizes da Organização Mundial de Saúde (OMS; s.d.), passou por quatro fases distintas: a) tradução do instrumento (inglês-português) realizada por um indivíduo cuja língua materna é o português; b) revisão da primeira tradução (inglês-português), efetuada por um indivíduo bilingue no sentido de corrigir e adaptar expressões inadequadas para a língua portuguesa; c) retroversão realizada por um tradutor independente, ou seja, a versão portuguesa, resultante da segunda fase foi traduzida novamente para o inglês; e, d) finalmente, realização de um estudo-piloto, de modo a testar a tradução portuguesa e avaliar, por parte dos respondentes, a validade facial do instrumento, isto é, a compreensão das instruções, dos itens e dos níveis de resposta. Nesta última fase, a escala foi aplicada a seis sujeitos com dor crónica tendo sido realizada uma entrevista com as seguintes questões: a) "O que pensa dessa questão?"; b) "Consegue repeti-la por palavras suas?"; c) "Consegue explicar como escolheu a sua resposta?"; e d) "Existe alguma palavra ou expressão que não tenha compreendido ou que considere de algum modo ofensiva ou inaceitável?". As respostas dos participantes indicaram a necessidade de proceder a um ajustamento no item 2 "Participar em atividades de lazer". Quatro dos seis inquiridos revelaram não compreender a palavra "lazer" e, por esse motivo, decidiu-se acrescentar um exemplo "atividades praticadas nos tempos livres".

Elaborada a versão final do instrumento, iniciou-se a divulgação do estudo (presencialmente e/ou via *e-mail*) em diversos serviços de saúde, explicando a problemática, os objetivos e os critérios de inclusão. Desta fase de divulgação, foi possível obter a autorização, para recolha de amostra, do Centro de Saúde Norton de Matos do Agrupamento de Centros de Saúde ACES do Baixo Mondego. Seguiu-se a aplicação do protocolo, o qual incluía o questionário de dados sociodemográficos, a Escala de Ansiedade e Depressão Hospitalar (HADS; Pais-Ribeiro et al., 2007), a *Portuguese Version of the Pain Self-Efficacy Questionnaire* (P-PSEQ; Ferreira-Valente, Pais-Ribeiro, & Jensen, 2011) e a Escala do Impacto da Dor na Família (versão portuguesa da FIPS), preenchidos através do método tradicional de papel e lápis. O questionário sociodemográfico incluía questões relacionadas com a duração da dor crónica, a patologia associada, o(s) local(ais), a intensidade e os sintomas ou alterações devido à dor. A HADS tem como principal objetivo auxiliar o profissional de saúde a identificar as componentes emocionais associadas às doenças físicas. Trata-se de uma escala bidimensional composta pelas subescalas de ansiedade e depressão, cada uma delas constituída por sete itens (Pais-Ribeiro et al., 2007). A versão portuguesa do *Pain Self-Efficacy Questionnaire* é um questionário de auto-resposta que avalia a confiança de sujeitos que padecem de dor crónica na realização de diversas atividades quotidianas, nomeadamente tarefas domésticas, atividades sociais e trabalho (Ferreira-Valente et al., 2011). Neste sentido, indo de encontro à literatura e tentando replicar o estudo original da FIPS, tentou-se compreender se existe relação entre a ansiedade e depressão, a auto-eficácia e o impacto da dor crónica no seio familiar.

O processo de recolha da amostra foi baseado no método não-pro-babilístico de bola de neve, ou seja, foi gerada uma rede de contactos a partir da aplicação do protocolo aos primeiros pacientes (Pais-Ribeiro, 2007). Previamente à aplicação do protocolo, foi dada a conhecer a todos os participantes a investigação e seguiram-se os princípios éticos, a natureza anónima e confidencial do estudo (APA, 2010).

Os critérios de inclusão utilizados foram: a) sujeitos com idade igual ou superior a 18 anos e b) diagnóstico de dor crónica há pelo menos três meses, tendo por base a definição de dor crónica proposta pela IASP (citado por Azevedo et al., 2012) e, também, considerada pela Direção Geral da Saúde.

A amostra recolhida abrange um total de 51 sujeitos com idades compreendidas entre os 18 e os 86 anos (M = 51.94; DP = 21.75), dos quais 40 são mulheres (78.4%) e 11 são homens (21.6%), com diferentes níveis de escolaridade (desde o analfabetismo até ao mes-trado). Relativamente ao estado civil, 52.9% dos sujeitos são casados ou vivem em união de facto e 21.6% são solteiros. Quanto à situação profissional, 39.3% dos sujeitos estão atualmente empregados. Para obter a classificação do nível socioeconómico (NSE), baseamo-nos na proposta de Simões (2000), no qual verificamos que a categoria mais representativa é a classe média (56.9%) (cf. Quadro 2).

Quadro 2.
Caracterização da amostra

Variáveis		n	%
Sexo	Masculino	11	21.6
	Feminino	40	78.4
	18-27 anos	10	19.6
	28-37 anos	4	7.8
	38-47 anos	9	17.6
Idade	48-57 anos	9	17.6
	58-67 anos	4	7.8
	68-77 anos	6	11.8
	78-87 anos	9	17.6
	1° Ciclo (0-4° ano)	19	37.3
	2° Ciclo (5°-6° ano)	1	2.0
Escolaridade	3° Ciclo (7°-9° ano)	10	19.6
	Ensino Secundário (10°-12° ano)	12	23.5
	Ensino Superior (Bacharelato, Licenciatura ou Mestrado)	7	13.7
	Solteiro	11	21.6
Estado Civil	Casado/União de facto	27	52.9
	Divorciado/Separado	8	15.7
	Viúvo	5	9.8
	Baixo	15	29.4
NSE	Médio	29	56.9
	Elevado	6	11.8

A duração média de anos de dor crónica corresponde a 9.60 anos (*DP* = 9.46; *mín* = 3 meses, *máx* = 38 anos). De entre as condições de dor crónica mais comuns encontram-se a cefaleia (33.3%), a lesão traumática (19.6%) e a artrite reumatoide (15.7%). Os locais do corpo com dor mais reportados são o tronco (47.1%), a cabeça (33.3%) e as pernas (33.3%). No que respeita à intensidade da dor, obteve-se um resultado médio de 3.63, numa escala de 0 a 5 (*DP* = 0.77), sendo que sem dor corresponde a 0, dor mínima a 1, dor ligeira a 2, dor moderada a 3, dor intensa a 4 e dor máxima a 5. Os sintomas ou alterações associados à dor, mais referidos pelos sujeitos são as dificuldades de movimento (64.7%), os problemas de sono (58.8%), a fadiga (54.9%) e a irritabilidade (49.0%) (cf. Quadro 3).

Quadro 3.
Caracterização da dor crónica

Variáveis		n	%
	0-3 meses	1	2.0
	4-6 meses	1	2.0
	7 meses-1 ano	3	5.9
Tempo de diagnóstico da dor crónica	2-4 anos	13	25.5
	5-7 anos	12	23.5
	8-10 anos	5	9.8
	11-14 anos	3	5.9
	>15 anos	11	21.6
	Cefaleia	17	33.3
	Lombalgia	3	5.9
	Artrite Reumatoide	8	15.7
Patologia associada à dor crónica	Neuropatia	1	2.0
	Osteoartrite	2	3.9
	Lesão Traumática	10	19.6
	Reabilitação Pós-cirúrgica	2	3.9
	Outra[1]	17	33.3
	Cabeça	17	33.3
	Pescoço	7	13.7
	Tronco	24	47.1
Local da dor	Braços	10	19.6
	Mãos	11	21.6
	Órgãos genitais	1	2.0
	Pernas	17	33.3
	Pés	6	11.8
	Dor ligeira	2	3.9
Intensidade da dor	Dor moderada	22	43.1
	Dor intensa	20	39.2
	Dor máxima	7	13.7

[1] Outra = Artrose, hérnia, fibromialgia, trombofilia, etc.

Estudos de análise de itens: Estatísticas descritivas

A análise descritiva dos itens 10 itens da FIPS encontra-se no Quadro 4, onde estão apresentados os valores da média, desvio-padrão e valores mínimos e máximos. Os resultados indicam que as atividades familiares que surgem mais comprometidas devido à dor são as tarefas domésticas, as atividades de lazer e a realização de planos para o futuro a longo-prazo e a curto-prazo. Relativamente à escala total obteve-se uma média de 4.05 (*DP* = 2.24), numa escala de 0 a 10, o que sugere um impacto médio da dor crónica na família na amostra recolhida. De um modo geral, os valores obtidos oscilam entre 0 e 10 (cf. Quadro 4).

Quadro 4.
Análise descritiva dos itens da FIPS

Item	M	DP	Mín-Máx
1. Tarefas domésticas	5.36	2.52	0-9
2. Atividades de lazer	5.27	2.63	0-10
3. Comunicação com a família	3.37	2.72	0-8
4. Fazer planos – curto-prazo	4.08	2.77	0-10
5. Envolvimento em decisões familiares	3.14	2.84	0-10
6. Fazer planos – longo-prazo	4.14	3.18	0-10
7. Assumir responsabilidades familiares	3.88	2.98	0-10
8. Socializar com a família	3.35	2.74	0-8
9. Cuidar de filhos/crianças	3.00	2.81	0-9
10. Relação física com o parceiro	3.78	3.37	0-10

Estudos de precisão

A fiabilidade dos itens da FIPS foi estudada através da análise da consistência interna, pelo cálculo do coeficiente alfa de Cronbach. O valor do alfa de Cronbach do resultado total da FIPS foi de .91, o que demonstra forte consistência interna (Pallant, 2005), isto é, a escala constitui uma medida fiável do estudo do impacto da dor crónica na família. Na versão original da FIPS e na versão validada para a população australiana, os valores do alfa de Cronbach foram de .94 e .89, respetivamente.

A análise dos valores do coeficiente alfa da escala total, aquando da exclusão de qualquer um dos itens, indica-nos que a sua exclusão não aumenta de forma expressiva a consistência interna total da escala. Os valores de correlação item-total revelam uma adequada capacidade discriminante de todos os itens (r > .30) (Wilmut, 1975) (cf. Quadro 5).

Quadro 5.
Estatísticas da correlação item-total e do alfa com eliminação do item

Item	Correlação Item-Total Corrigida	Alfa com Item Excluído
1	.53	.91
2	.62	.91
3	.77	.90
4	.60	.91
5	.85	.90
6	.61	.91
7	.67	.90
8	.92	.89
9	.70	.90
10	.64	.91

Estudos de validade de constructo: Análise fatorial confirmatória (AFC)

A validade interna da versão portuguesa da FIPS foi verificada através da análise fatorial confirmatória (AFC) recorrendo ao *software AMOS 22.* Realizámos assim uma AFC do modelo bifatorial da escala original da FIPS: F1 (Atividade Física – itens 1, 2, 4, 6, 7, 8, 9 e 10) e F2 (Interação Pessoal – itens 3 e 5).

A análise dos dados indica que a estrutura bifatorial original apresenta índices de ajustamento desadequados para a amostra em estudo. Os resultados da AFC indicaram um qui-quadrado absoluto (χ^2) de 59.482 (p = .004), um qui-quadrado normalizado (χ^2/gl) de 1.749, sendo o valor do *Comparative Fit Index* de .91. No que diz respeito à raiz quadrada da média do erro de aproximação (*RMSEA*), o valor foi de .12. Considerando os valores critério de referência [χ^2/gl < 5; *CFI* > .95; *RMSEA* < .05] propostos por Marôco (2010), conclui-se que os resultados não se ajustam à estrutura original da FIPS proposta pela investigação de Newton-John (2005). De notar que não foram realizados reajustes na impossibilidade de calcular os índices de modificação devido à existência de *missings* na amostra utilizada. Neste sentido, optou-se por considerar os 10 itens num único fator dado que a estrutura bifatorial não se ajustou.

Estudos de validade de constructo – Correlações entre variáveis

De modo a analisar a validade de constructo da escala procedeu-se ao estudo das correlações entre os resultados das duas dimensões da HADS, do P-PSEQ, da intensidade da dor, da idade e o resultado total da FIPS, através do cálculo dos coeficientes de Spearman. Os resultados indicaram que a relação entre a dimensão Ansiedade da HADS e a FIPS apresenta uma correlação de .15 ($p = .300$), estatisticamente não significativa. No que diz respeito à relação da dimensão Depressão da HADS e a FIPS, obteve-se uma correlação de .33 ($p < .05$), indicando uma relação positiva moderada. Isto é, quanto maior o impacto da dor na família, maior será a depressão do paciente com dor crónica. Relativamente à associação entre o P-PSEQ e a FIPS, através de um coeficiente de correlação de -.75 ($p < .01$), conclui-se que existe uma relação negativa forte, o que sugere que quanto menor for o impacto da dor na família, maiores são as crenças de autoeficácia do sujeito com dor. A intensidade da dor e a FIPS é representada por um coeficiente de correlação de .22 ($p = .114$), estatisticamente não significativo. Por último, estabeleceu-se a relação entre a variável idade e a FIPS, tendo obtido um coeficiente de correlação de .068 ($p = .633$), estatisticamente não significativo (cf. Quadro 6).

Quadro 6.
Correlações entre a FIPS e a HADS, o P-PSEQ, a intensidade da dor e a idade

Variáveis		FIPS
HADS	Ansiedade	.148
	Depressão	.332*
P-PSEQ		-.754**
Intensidade da dor		.224
Idade		.068

Nota: HADS - Escala de Ansiedade e Depressão Hospitalar; P-PSEQ - *Portuguese Version of the Pain Self-Efficacy Questionnaire.*
*$p < .05$ **$p < .01$

3. Aplicação
Como aplicar, cotar e interpretar?

O material necessário para a aplicação da escala é apenas a versão em papel e uma caneta. A versão portuguesa da FIPS pretende avaliar em que medida as atividades e interações familiares são afetadas na presença de dor crónica num dos seus elementos, de modo a compreender o ponto de vista dos pacientes com dor crónica. Pretende-se que o respondente reflita sobre cada um dos 10 itens e indique, numa escala de 0 a 10, em que 0 corresponde a "a dor não interfere" e 10 a "a dor interfere completamente", em que medida a dor tem impacto em cada uma das atividades referidas no questionário. Os resultados da FIPS advêm da soma das pontuações do total dos itens da escala e divisão pelo número de itens. Neste sentido, resultados elevados indicam dificuldade na gestão familiar da dor.

4. Vantagens, limitações e estudos futuros

A FIPS apresenta-se como uma escala breve, fácil de administrar e de cotar que permite compreender a perceção do impacto da dor crónica nos sujeitos e suas famílias (Newton-John, 2005). Tanto quanto é do nosso conhecimento, não existia em Portugal um instrumento de compreensão do impacto da dor na família que pudesse ser aplicado em contexto de avaliação, intervenção e investigação. Este facto revela a pertinência e importância do presente estudo, podendo este ser um ponto de partida para analisar e aprofundar a questão do impacto da dor crónica nas famílias portuguesas. Assim, este trabalho pretende auxiliar os profissionais de saúde na análise, compreensão e intervenção junto dos sujeitos que padecem de dor crónica e respetivas famílias, de modo a gerir de forma mais eficaz as exigências e alterações inerentes à dor crónica.

Apesar das boas qualidades psicométricas da versão portuguesa da FIPS, especificamente ao nível da consistência interna, o estudo apresenta algumas limitações relacionadas com a amostra. Nomeadamente, o facto de se tratar de uma amostragem por conveniência, pelo que a amostra recolhida poderá não ser representativa da população que pretendemos estudar. Estas limitações associam-se ainda com o tamanho reduzido da amostra (51 sujeitos) e com a sua fraca heterogeneidade em termos de sexo, uma vez que existe uma grande discrepância entre o número de homens e de mulheres. Limitações semelhantes a estas estão também presentes no estudo original (N = 113, 81 mulheres e 32 homens) e no estudo Australiano (N = 67, 35 mulheres e 32 homens). De notar, ainda, que se constitui uma limitação ao nível das qualidades psicométricas da versão portuguesa da FIPS, o facto da estrutura original da FIPS não se ajustar aos dados recolhidos.

Estudos futuros com a FIPS deverão incluir a perspetiva da família do paciente com dor, de modo a comparar as diferentes leituras, tornando mais rico o conhecimento sobre este tema ao permitir estabelecer comparações relativas à perceção de pacientes e familiares sobre o impacto da dor no seio familiar. Poder-se-á, também, estudar a FIPS no âmbito de populações específicas, formando diversos grupos com diferentes causas de dor (e.g., sujeitos com enxaquecas, fibromialgia, artrite reumatoide, lesões traumáticas, entre outros). Será ainda fundamental que, no futuro, possam ser realizados mais estudos de precisão e validade, no sentido de reforçar as propriedades psicométricas da FIPS.

5. Bibliografia

American Psychiatric Association (2002). *DSM-IV-TR: Manual de diagnóstico e estatística das perturbações mentais* (4.ª ed., texto revisto, J. N. Almeida, trad.). Lisboa: Climepsi. (Trabalho original publicado em 2000).

American Psychological Association (2010). *Ethical principles of psychologists and code of conduct*. Acedido em http://www.apa.org/ethics/code/principles.pdf.

Azevedo, L. F., Costa-Pereira, A., Mendonça, L., Dias, C. C., & Castro-Lopes, J. M. (2012). Epidemiology of chronic pain: A population-based nationwide study on its prevalence, characteristics and associated disability in Portugal. *The Journal of Pain: Official Journal of the American Pain Society*, *13*(8), 773-783. doi:10.1016/j.jpain.2012.05.012

Bazako, E. (2003). Intervención psicológica en una unidad de dolor. In Remor, E, Arranz, P., & Ulla, S. (Eds), *El psicólogo en el ámbito hospitalário* (pp. 569-590). Desclée De Brouwer: Bilbao.

Breivik, H., Collett, B., Ventafridda, V., Cohen, R., & Gallacher, D. (2006). Survey of chronic pain in Europe: Prevalence, impact on daily life, and treatment. *European Journal of Pain, 10*, 287-33. doi:10.1016/j.ejpain.2005.06.009

Dias, A. (2007). *Dor Crónica – um Problema de Saúde Pública*. Acedido em http://www.psicologia.pt/artigos/textos/A0372.pdf.

Direção Geral da Saúde (2008). *Plano Nacional de Controlo da Dor*. Circular Normativa N° 11/DSCS/DPCD de 18/06.

Fernandes, D. (2011). *Dor crónica: Adaptabilidade e coesão familiar dor crónica* (Dissertação de Mestrado). Faculdade de Filosofia, Universidade Católica Portuguesa, Portugal. Acedido em http://repositorio.ucp.pt/bitstream/ 10400.14/8791/1/Tese%20de%20Mestrado%20Final.pdf

Ferreira-Valente, A., Pais-Ribeiro, J., & Jensen, M. P. (2011). Psychometric properties of Portuguese version of the pain self-efficacy questionnaire. *Acta Portuguesa de Reumatologia, 1*(6), 260-267.

Lima, M. A., & Trad, L. A. (2007). A dor crônica sob o olhar médico: Modelo biomédico e prática clínica. *Cadernos de Saúde Pública, 23*(11), 2672-2680.

Locke, H. J., & Wallace, K. M. (1959). Short marital adjustment and prediction tests: Their reliability and validity. *Marriage and Family Living, 21,* 251-255.

Lopes, A. (2007). *Generalidades e singularidades da doença em família: Percepção da qualidade de vida, stress e coping.* (Dissertação de Mestrado não publicada). Universidade de Coimbra, Coimbra, Portugal.

Marôco, J. (2010). *Análise de equações estruturais: Fundamentos teóricos, software & aplicações*. Pêro Pinheiro: ReportNumber.

Martins, M. M. (2009). *A consulta telefónica como intervenção de enfermagem ao doente/ família com dor crónica* (Dissertação de Mestrado). Universidade Aberta, Lisboa, Portugal. Acedido em https://repositorioaberto.uab.pt/bitstream/10400.2/1473/1/Disserta %C3%A7%C3%A3o%20%20Mestrado%20Comunica%C3%A7%C3%A3o%20em%20 Sa%C3%BAde%20-%20Madalena%20Martins.pdf

Melzack, R. (1996). Gate control theory. *Pain Forum, 5*(2), 128-138. doi:10.1016/S1082-3174(96)80050-X.

Miceli, A. V. (2002). Dor crônica e subjetividade em oncologia. *Revista Brasileira de Cancerologia, 48*(3), 363-373.

Newton-John, T. R. (2005). The Family Impact of Pain Scale: Preliminary validation. *Journal of Clinical Psychology in Medical Settings, 12*(4), 349-358. doi:10.1007/s10880-005-7821-1

Organização Mundial de Saúde (s.d.). *Process of translation and adaptation of instruments.* Acedido em http://www.who.int/substance_abuse/ research_tools/translation/en/.

Pais-Ribeiro, J. (2007). *Metodologia de investigação em psicologia e saúde*. Porto: Legis.

Pais-Ribeiro, J., Silva, I., Ferreira, T., Martins, a, Meneses, R., & Baltar, M. (2007). Validation study of a Portuguese version of the Hospital Anxiety and Depression Scale. *Psychology, Health & Medicine, 12*(2), 225-235. doi:10.1080/13548500500524088

Pallant, J. (2005). *SPSS survival manual*, (2nd). Sydney: Allen&Unwin.

Roy, R. (2006). *Chronic pain and family: A clinical perspective*. New York: Springer.

Seymour, J., & Paz, S. (2004). Pain: Theories, evaluation and management. In S. Payne, J. Seymour, & C. Ingleton. *Palliative care nursing: Principles and evidence for practice*, (pp. 260-298). London: Open University Press.

Silva, E. A., Neto, J. L., Figueiredo, M. C., & Barbosa-Branco, A. (2007). Práticas e condutas que aliviam a dor e o sofrimento em crianças hospitalizadas. *Comunicação em Ciências da Saúde, 18*(2), 157-166.

Silver, J. K. (2004). *Chronic pain and the family. A new guide*. Massachussets: Harvard University Press.

Simões, M. (2000). *Investigação no âmbito da aferição nacional do teste das Matrizes Progressivas Coloridas de Raven (M.P.C.R.)*. Lisboa: Fundação Calouste Gulbenkian/ Fundação para a Ciência e Tecnologia.

Smith, A. A., & Friedemann, M. (1999). Perceived family dynamics of persons with chronic pain. *Journal of Advanced Nursing, 30*(3), 543-551.

Spanier, G. B. (1976). Measuring dyadic adjustment: New scales for assessing the quality of marriage and similar dyads. *Journal of Marriage and the Family, 38,* 15-28.

West, C., Buettner, P., Foster, K., & Usher, K. (2012). Pyschometric testing of the Family Impact of Pain Scale using a sample of families in Australia. *Nurse Researcher, 20*(2), 6-12.

West, C., Usher, K., Foster, K., & Stewart, L. (2012). Chronic pain and the family: The experience of the partners of people living with chronic pain. *Journal of clinical nursing, 21*, 3352-3360. doi:10.1111/j.1365-2702.2012.04215.

Wilmut, J. (1975). Objective test analysis: Some criteria for item selection. *Research in Education*, 13, 27-56.

www.ingramcontent.com/pod-product-compliance
Lightning Source LLC
Chambersburg PA
CBHW070917270326
41927CB00011B/2606